【新装版】

京都の歴史を足元からさぐる

洛東の巻

森浩一 著

学生社

ぼくが大学生のときに古代学を提唱しだした。
そのころ父の於菟《おと》次郎《じろう》がぼくの編集していた雑誌の表紙に書いてくれた。
自由奔放な姿は今のぼくの理想である。

新装版　再刊に寄せて

同志社女子大学名誉教授　森　淑子

夫・森浩一が七十歳代の半ばから八十歳代にかけて取り組んだ『京都の歴史を足元からさぐる』シリーズが新装版として再刊されることになり、大変うれしく思います。

夫は人工透析の治療を受けるようになって、それまでのように遠方まで赴くことが難しくなりました。かつて訪ねた地であっても、文章に書く以上は、現状を自分の眼で確かめたい。それができるのは京都だ、ということで、長年住んでいながらあまり文章に書いてこなかった京都を対象に選んだのです。

夫が体調を崩したころ、私は大学の教員を定年退職しました。専門は全く違う分野で、在職中は「あなたはあなた、私は私」という夫婦でした。新婚旅行と中国への団体旅行しか一緒に旅したことはありませんでしたが、夫が京都の調査に私を誘ったのは、自分の仕事を見せたい気持ちもあったのでしょう。夫の解説を聞きながら遺跡や社寺を巡るのは、歴史に疎い私にも面白い体験でした。

嵯峨野の落柿舎では、松尾芭蕉が滞在した四畳半の部屋を訪ねて夫が俳句を詠みました（「嵯峨・嵐山・花園・松尾の巻」所収）。親しかった作家の金達寿さんに「俳句を作るな」と言われていたそうですが、「自分の本だから芭蕉の句と並べて書ける」と愉快そうでした。上醍醐を訪れた折は、弱った脚が山道で音を上げて、教え子の鋤柄俊夫さんと地元の方に両脇から支えられ下山しました。「疲れたけど、今日は行けて良かった」と喜んでいたのを思い出します。

目的地に着いて車を降りると、「この空気を昔の人も吸ったんだ」と感激する。そんなロマンチックな一面が夫にあることに気付きました。地元の資料館など行ける範囲はとにかく回る熱心さも。「洛北・上京・山科の巻」の「はじめに」にも書いていますが、執筆中に二階の書斎から降りてきて「こんなことが分かった、七十歳まで生きてきてよかった」と、とてもうれしそうに話していたのも忘れられません。

これも「丹後・丹波・乙訓の巻」の「はじめに」にありますが、偶然乗ったタクシーの運転手さんに「京都の本、次はいつ出ますか」と尋ねられ、とても喜んでいました。若い研究者からも「そこかしこに考えさせる材料がちりばめられている」との感想をいただきました。今回は軽装となるので、いろいろな方にご活用いただけるよう願っています。再刊を一番喜んでいるのは浩一だと思います。ご尽力くださった皆さまに心より感謝を申し上げます。

はじめに

初めてぼくが自分の本を出したのは、昭和二八年の『河内黒姫山古墳の研究』である。これは大阪府教育委員会から刊行され、戦後としては大阪府文化財調査報告書の第一冊となった。発掘報告書以外の普通の書物としては昭和四〇年の『古墳の発掘』（中公新書）が最初であった。それ以来、おもうにまかせて著作をつづけ、監修した本をもいれると今回の本で百冊めとなった。平均して年に二冊弱を出していることになる。ここで監修というのは、たんに名を連ねたのではなく、ぼくが企画した場合をいっている。

この間、研究テーマはふくらみつづけた。考古学と史料の総合を目ざしての古代学をたちあげることをはじめ、天皇陵のこと、邪馬台国のこと、東アジアのなかの日本という視点、関東学や東海学など地域学のこと、食文化を通して日本文化を考えようとする実践、そして最後のテーマが日本文化とは何かである。

どのテーマも最後まで仕上げたものはない。それはどのテーマもその目標が深遠すぎることと、テーマがお互いにどこかで関連していて、視点の変更がよくおこることなどによっている。開拓したテーマのなかには、若手の研究者が受け継いでやっていてくれることもあるので、ぼくはまず研究テーマの問題の所在や面白さを抉《えぐ》りだすことにつとめた。

ぼくの大好きな司馬遼太郎さんは、七二歳でこの世を去られた。ぼくはその歳をすでに越えてしまい、いま七八歳の半ばにきている。心友の網野善彦さん、大林太良さん、伊達宗泰さんらの他界された年齢をもすでに越してしまった。

天はぼくの暴走に歯止めをあたえるためだろうか、五年ほどまえから腎臓と心臓を悪くし、人工透析をうけ胸にはペースメーカーをいれながらの生活になり、病院ですごす時間が多くなった。そのため遠方への旅がしづらくなり、あとのこされた日々もあまりないと覚悟するようになった。

旅がしにくく、それと若いときのようには山野を跋渉《ばっしょう》して遺跡を見て廻ることは無理になった。そのような制約があるなかで出来ることとは何か。のこされた時間を集中するにふさわしいことは何かを模索した。

ふと気がつくと「京都の歴史を足元からさぐる」ことがのこされている。このことは地域史の総集としてもやっておくべきことになりそうである。

それと日本とは何かとかアジア各地との関係も、京都のどこかでふれることもできそうだと考え、手始めにわが家の近くの東福寺から書きだした、というのがこの本の誕生の契機である。だから足元から少しずつさぐりだした、というのがいつわりのない気持であるし、やりはじめるといままで知らなかったことがずいぶんわかってきた。こういう機会が生れたのは幸運だった。

ぼくがこの本で書こうとするのは京都の歴史の面白さであって、文化財の解説の羅列ではない。先日ある有名な寺を訪ねた。すると建物の修理ではないのに本堂と門には周囲に厳重な柵をこしらえていて近づけない。これではその寺の僧たちもこのお堂では一切の法要などをしないということなのかとおもった。これではこれらの建物はすでに無用のものとぼくにはうつり、無用のものを平気でもつ寺のことを書く気がなくなった。そういう点でこの本が取りあげる対象については、ぼくの判断が左右するし、それがある意味でのいまの京都の歴史をさぐることにもなりそうである。

このシリーズは、いまの目標では年に一冊ぐらいの速度で、最終的には四冊か五冊になりそうである。それがどこまで完遂できるかは天命まかせである。

今回の探訪では妻の淑子がすべてに同道してくれた。同道というより傍目には介護の人がついてきているとうつったことだろう。それにしても鞍馬や貴船の樹林が生みだしている生命力や空気の清々しさは、ぼくの筆力で書くには限界を感じた。

読者一人一人が自分なりに足元から歴史をさぐることを続けると、日本人に生れたことの生きがいを噛締《かみし》めることになるだろう。なおぼくにのこされた時間のなかでは、それ以上の時間をかけることのできなかった個所がいくつかでき、そこでは無駄な時間を使うことをおそれ課題や宿題としてその都度書きだした。その部分をさらにどなたかに膨《ふく》らませていただけたら、これも望外の楽しみである。

二〇〇七年五月一日

東福寺を借景にしている書斎にて

森　浩　一

京都の歴史を足元からさぐる［洛東の巻］——目次

森　淑子

［編集部注　新装版にあたって初版の口絵を割愛した。］

第1部　わが家の足元から京都を見る

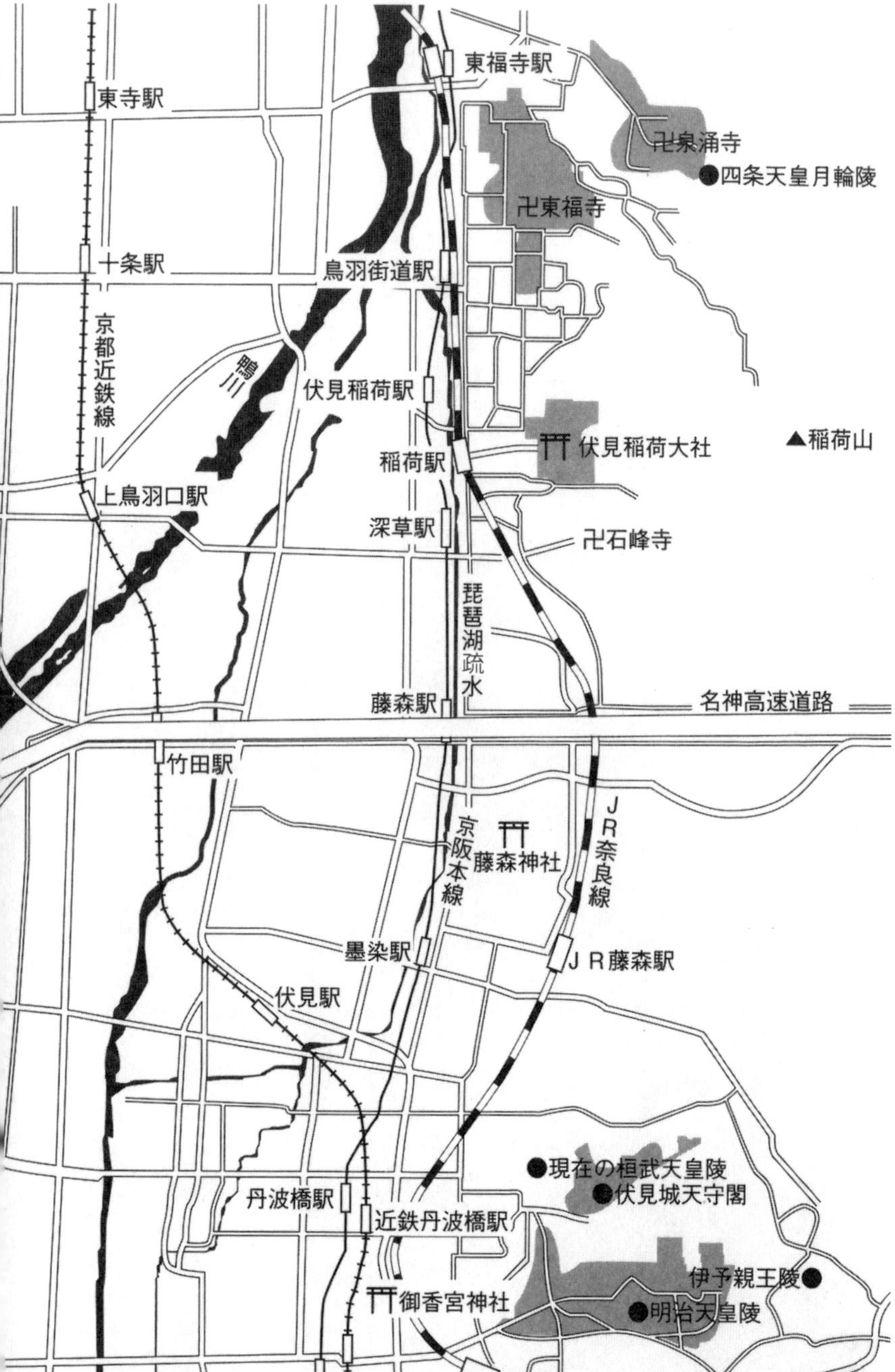
東福寺駅
東寺駅
卍泉涌寺
●四条天皇月輪陵
卍東福寺
十条駅
鳥羽街道駅
京都近鉄線
鴨川
伏見稲荷駅
▲稲荷山
稲荷駅
伏見稲荷大社
上鳥羽口駅
深草駅
卍石峰寺
琵琶湖疏水
藤森駅
名神高速道路
竹田駅
JR奈良線
京阪本線
藤森神社
墨染駅
JR藤森駅
伏見駅
●現在の桓武天皇陵
●伏見城天守閣
丹波橋駅
近鉄丹波橋駅
伊予親王陵●
御香宮神社
●明治天皇陵

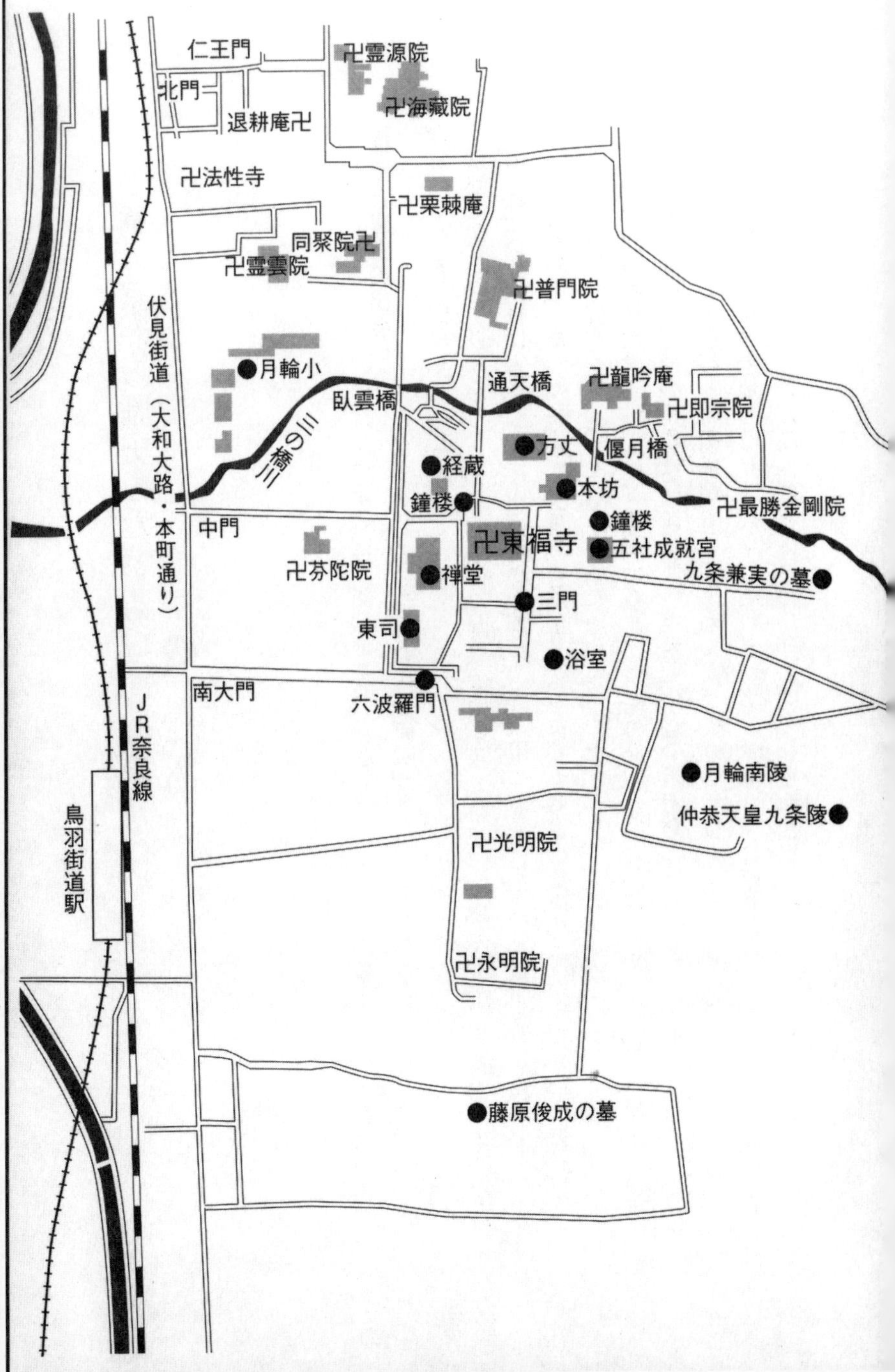
仁王門
卍霊源院
北門
卍海藏院
退耕庵卍
卍法性寺
卍栗棘庵
同聚院卍
卍霊雲院
卍普門院
伏見街道（大和大路・本町通り）
●月輪小
通天橋
卍龍吟庵
臥雲橋
卍即宗院
三の橋
●方丈
偃月橋
●経蔵
●本坊
鐘楼●
卍最勝金剛院
●鐘楼
中門
卍東福寺
●五社成就宮
卍芬陀院
●禅堂
九条兼実の墓●
●三門
東司
●浴室
南大門
六波羅門
JR奈良線
●月輪南陵
鳥羽街道駅
仲恭天皇九条陵●
卍光明院
卍永明院
●藤原俊成の墓

1章　家から歴史をたどる

ぼくは昭和四一年（一九六六）八月に、大阪府の狭山《さやま》（当時は南河内郡）から京都市へ転居した。京都のマチ（以下京都と略す）の住人になってから、この夏で四一年めになる。

ぼくと京都の出会い

京都に住みだす以前から、ぼくと京都の関係は始まっていた。敗戦の翌年（昭和二一年）四月に同志社大学予科に入学した。入学試験の前日、丸太町《まるたまち》の旅館に泊まったのをおぼえている。京都には当時の家があった狭山から電車で通学した。毎朝五時台の電車に乗るのだから、ぼくはたいへんだったし弁当を作ってくれる母もたいへんだった。

その頃の同志社大学予科では、明治一八年に定礎のおこなわれた煉瓦造りの有終館《ゆうしゅうかん》でたいていの授業をうけた。この建物は後に国から重要文化財の指定をうけ、授業には使われなくなった。

このようにして京都との関係ができるようになって六〇年はたつ。京都はぼくの人生にとってもっとも関係の深い土地となり、長年のあいだマチを歩くうちに感じとったり考えたりした歴史についての話題はたくさん溜ってしまった。今回はそれを吐き出してみよう。お寺や神社に伝わる文化財の羅列をするのではなく、ぼくが面白いと感じた歴史にまつわりそうなことを語ってゆきたい。

わが家の所在地から考え出す

ぼくの家は京都盆地を見下ろす東山《ひがしやま》連峰南端近くの山麓にある。京都盆地といっても、田畑はみえずぎっしりと大小の建物が密集している。

よく東山三十六峰《ぼう》というけれども、東山には峰が連なり、いちばん南の端が稲荷山《いなりやま》、その北が光明峰でわが家はその麓にある。さらに恵日山があってその北が月輪山（泉山）である。月輪といいその光をあらわす光明など古くから月輪信仰《げつりん》があったようである。いつだったか、宵に家の前で東の空に大きくてまん丸い月がでていて、しばらく見とれたことがある。

月輪《つきのわ》の地名は平安時代からあったし、今日でも学区は月輪《つきのわ》小学校である。選挙のさいには、いつも月輪小学校へでかけている。月輪の地名は、今日より広い範囲にわたっており、平安時代や鎌倉時代の皇室関係の陵墓で月輪陵というのがいくつもあり、わが家の南東にも月輪南陵というのがある。

平安時代の末から鎌倉時代におよぶ日記として知られた『玉葉《ぎょくよう》』の筆者である藤原（九条）兼実《かねざね》は、ぼくの家から北の方向に直線距離にして三〇〇メートルほどの、現在即宗院という塔頭《たっちゅう》のあるところに邸宅があった。その邸宅は月輪殿とよばれ、兼実その人をも月輪殿ということがある。その頃は山荘といってよい環境で、当時の庭園らしいものの一部がのこっている。兼実は死後も邸宅近くに葬られ、墓をおさめた八角円堂がある。

ところで兼実とぼくはもちろん生きた時代は異なるが、地縁的な親しみを感じている。これは

九条兼実の墓（八角円堂・最勝金剛院）

兼実だけでなく、鴨長明《かものちょうめい》や兼好《けんこう》、それに慈円《じえん》などにもいつしか作品に接したり伝記を読んだりするうちに親近感をもって友人のような錯覚をおぼえることが多くなった。歴史を勉強している余得《よとく》であろう。

古代の行政区分では、わが家は山城国紀伊郡になる。山城《やましろ》は延暦一三年（七九四）の平安遷都後に用いられるようになった表記法で、それ以前は山背とか山代と書かれていた。

ついでに山城国の郡について述べておくと、葛野《かどの》、愛宕《おたぎ》、紀伊の全域と宇治・乙訓《おとくに》・久世《くぜ》の一部が、今日の京都市であって、南山城には綴喜《つづき》と相楽《そうらく》の二郡があった。

郡名はいずれも平安京以前からある歴史的な地名で、葛野、宇治、乙訓、綴喜など漢字の表記にはさまざまあるが、『古事記』や『日本書紀』にもしばしばあらわれる。紀伊郡は漢字二字表記で書くまえは「紀」一字であった。『日本書紀』には山背国紀郡深草里《やましろのくにきのこおりふかくさのさと》に秦大津父《はたのおほつち》という旅をする商人のいたことがでている

（欽明即位前紀）。太平洋沿岸に面した紀伊国（和歌山県と三重県の一部）と同じ表記であることの理由が問題となる。そこにも歴史を考える糸口はあるようだが、宿題にして先へ進もう。

古代の行政区分では、国と郡《こおり》の下に郷と里《り》のあった時期と、郷だけになった時期がある。源順が承平年間（九三一〜九三八）に編集した『和名類聚抄』（以下『和名抄』と略す）には郷だけの時期のことを全国的規模で収載している。「和名抄郷名」といって古代を考える基本史料である。

郷のなかから数例をあげると、まず乙訓郡の物集《もずめ》郷がある。大阪府堺市の百舌鳥《もず》と関係のある地名で土師《はじ》氏系の毛受腹《もずばら》の人たちの移住でついたのだし、愛宕《おたぎ》郡の出雲郷はのちに述べるように出雲の人びとが移住してついた地名である。また綴喜郡の大住郷は南九州の大住（隅）隼人《はやと》の移住した土地である。普段なにげなく使っている地名にも、研究の糸口は豊富に揃っている。ところでわが家のあたりの古代の郷名は不明だが、岡田郷にふくまれていたかと思われる。

わが家から山麓を西へと下りきると、北から南に鴨川が流れ、そ

山城国の郡域図

の東岸に京阪電車とＪＲ奈良線の線路がやはり南北に敷設されている。

ＪＲ奈良線といえばローカル線の印象をうけるが、明治八年に鉄道が開通したころ、京都駅から稲荷駅までが東海道本線で、稲荷をすぎて間もなく線路は東へ向きをかえて大津に至っていた。大正一〇年になって、京都駅から一直線に東へ線路が敷設され、京都駅と稲荷駅の間は今日の奈良線にうけつがれたのである。なお奈良線に東福寺駅ができたのは昭和三二年で、これによって京阪電車との連絡が便利になった。

さらに線路のすぐ東に一本の街道が南北に走っている。伏見街道とよばれ、平安時代の法性寺大路であり、さらにこの街道の先端は大和に通じているという意味で大和《やまと》路とか大和大路《おおじ》ともよばれ、たんに大路ということもあった。

大和大路という呼称は中世にまで遡る。ぼくは四条通りまででるとき、タクシーの運転手に〝大和大路を通って四条通りへでて下さい〟というように大和大路の地名をよく使う。大和大路、つまり伏見街道のうち、五条から南を習慣として本町《ほんまち》通りとよんでいて、その呼び方は伏見稲荷大社の近くまでつづく。ちなみにわが家の所在地を町名でいえば本町一五丁目であり、通りの名だけではなく町名になっている。

ぼくは毎年の正月には、家から歩いて伏見稲荷大社にお詣りをする。元気なころは家から山道をとって標高二三三メートルの稲荷山に登った。この三つの峰には、古墳が点在し、鎌倉時代の経塚（兼実が作ったか）もあるし、伏見稲荷大社の元の社殿も本来ここにあった。この山頂一帯には「お塚」とよばれる巨石信仰になぞらえた人の積んだ石塊群が群在していることと、俗に千本鳥居とよばれるように朱ぬりの鳥居が道をおおっている。稲荷の代表的風景である。

帰りは頂上から急な石段を使って拝殿や本殿のある伏見稲荷大社の境内に下り、あとは伏見人形や七味などを商う店のある本町通りを歩く。

ところでこの山道は昔の人もよく使ったらしく古い記録に何度もでているし、今日でも旅行者からこの山道への入り方をよく尋ねられる。東福寺の南門は、この山道への入口にあるし、六波羅門もこの山道に面している。この山道は仲恭天皇陵の横を通り、尾根筋を登るのだが、もと九条家の先祖の土饅頭が点在していた斜面は、いまは土地がならされて新興住宅地になっている。

この山道の麓には車坂の地名があって、尾根筋を通るこの山道の昔からの地名である。山頂にある茶店や土産物屋に運ぶ品物をのせた無人で動く小さな車がこの山道をのぼる風景にであったことがあり、車坂の地名を納得したことがある。肩でかつぐ輿《こし》や人力で引く車なら昔も使えたのであろう。あとで述べることだが、清少納言や和泉式部、さらには『新猿楽記』に登場する西の京の右衛門尉《うえもんのじょう》の本妻などもこの山道を登って稲荷詣をしたのであろう。

大和大路の賑わい

本町通りを含めた大和大路ぞいの土地は、厳密にいえば平安京外である。だがこの街道ぞいには、北から建仁寺、愛宕寺《おたぎ》ともよばれた六道珍皇寺《ちんのうじ》、六波羅蜜寺、平氏の六波羅邸跡、鎌倉幕府の六波羅探題《たんだい》跡、方広寺、蓮華王院《れんげ》の三十三間堂、法性寺《ほっしょうじ》と東福寺（この敷地は大部分重複する）、伏見稲荷大社、藤森神社などが隣接し、今日も寺の門や神社の鳥居が街道の東側に面して建てられている光景をよく見かける。平安京外とはいえ、人口も多く政治や信仰のうえでの重要施設が群在していたのである。なお今日では、豊国神社の南方の一の橋川（今熊野川）北岸で、北からの大和大路と南からの本町通りが約一〇〇メートルのずれがある。この川は現在では暗渠《あんきょ》になっていて地上ではわからない。

この道の原型は平安京のできる以前にもあったとぼくは推定している。道の北の端をさらに行くと上賀茂神社と下鴨神社のある賀茂郷があり、鞍馬寺をへて若狭に至る。奈良時代にも平城京から大伴坂上郎女《おおとものさかのうえのいらつめ》が賀茂神社に詣でるため訪れ、『万葉集』に歌をのこしている（六―一〇一七）。おそらく大和大路の元となる古道を通ったのであろう。さらに、途中に粟田《あわた》郷や深草郷がある。南へ道をとると近江に至る道との分岐点である宇治の木幡《こはた》をへて大和に通じていた。藤原道長は、宇治に木幡堂（木幡寺、浄妙寺）を建立し、そのためしばしば途中にある法性寺《ほっしょうじ》に立ち寄って食事をしている。このことは、道長の日記『御堂関白記』に記されている。

賀茂、粟田《あわた》、深草、木幡などの土地はこれからさきで述べる予定だし、秦《はた》氏や和邇《わに》氏系諸豪族、たとえば粟田、小野、大宅《おおやけ》、柿本などの氏についても順次ふれるであろう。

ぼくの印象だが、東福寺ぞいの本町通りは江戸時代はもとより、それ以前の趣や道幅をよくのこしている。京都に転居した直後、友人から祝いにもらった木版刷の東福寺の境内図がある。寛政年間（一七八九〜一八〇一）のものである。

その図によると、本町通り、つまり大和大路ぞいの東側に小川（溝）があって、北門、中門（中大門）、南門の前にそれぞれ石橋がかかり、その橋を渡り門をくぐってから境内に入る。これらの三つの門は今日もその位置にあるし、三つの門の横には番人のいた建物ものこっている。なお石橋は北門のところにいまものこっている。門と門との間には高い塀があるから、門番が夕刻に門を閉ざすと堅固な城の機能もそなえていたのである。

現在では本町通りぞいの門は夜も開けられているが、さらに主要伽藍をかこむ内側の塀にある中門や六波羅《ろくはら》門（一四五頁の写真参照）は夕刻には閉ざされ、境内には入れない。なお大和大路の一部にあたる伏見街道は、豊臣秀吉の伏見城造営以降に開けたとする伝説があって、元の古道は東福寺の中門や臥雲《がうん》橋の架かる道とみる説もある（宝暦四年の『山城名跡巡行志』）。ただしこの道は直線道路としてはたどれず、ぼくはその説はとらない。

以上述べたように、ぼくはたまたま現在の土地に住んだにすぎない。だが由緒のある土地らしく、隣接地の斜面や麓の平坦地には平安時代中、後期に法性寺という大寺があり、わが家も法性寺のはずれにあったとおもう。ある時物置を作るため土をならしていると、平安時代後期と推定される瓦が一枚見つかり、そのおもいを深めたことがある。

この文を書いているいまも、すぐ下にある成就宮から信者のとなえる祝詞が聞こえている。この社は法性寺のころからの惣社（鎮守）で、位置はかわっていない。神社の近くに康永二年（一三四三）の銘を台石に刻んだ一三重の石塔がある。鎌倉時代になると、藤原北家の五摂家の一つの九条家（兼実が祖）三代目の九条道家の支援によって、新興の禅の道場として東福寺ができ、急速に法性寺は衰微しだし、いまのように東福寺は広大な境内をもつようになった。法性寺がなくなったというより東福寺に姿をかえたというのが、ぼくの実感である。そのような変遷のなかでも、成就宮は東福寺の鎮守として今日まで存続したのである。いまでは成就宮より五社大明神の名で通っている。

わが家と東福寺の間は、ブロック塀があるだけである。二階にある書斎からは東福寺の伽藍の屋根の甍《いらか》を見下ろせる。わが家の庭に東福寺の境内から飛来したカエデの種子が芽をだし、いまでは大きく育っている。東福寺は紅葉の名所としてよく知られ大勢の人が秋には訪れるが、一本とはいえ家で紅葉を鑑賞することができる。

法性寺と西寺古鐘

藤原忠平（八八〇―九四九）は、朱雀天皇と村上天皇のもとで摂政、関白、太政大臣を勤めた。貞信公といい、日記の『貞信公記』はよく知られている。さらに律令制にとっての大事業だった『延喜式』の編集を完成させた。いままで何度も名のでている法性寺は、延長二年（九二四）ごろから忠平が建立に着手した。寺名の法性《ほっしょう》は天台教義の重要事項といわれている。

法性寺は藤原氏が平安時代に造営した寺々のなかでも抜群の規模だったと推定される。藤原道長の法成寺、藤原頼通の宇治の平等院、藤原為光の法住寺などの規模にくらべてもなお壮大だったとみられる。だが今日では平安時代や鎌倉時代の建物は一宇ものこっていないし、あとで述べるようにわずかの仏像がのこるにすぎない。

このように文化財の点では今日まで伝わるものは多くはないが、歴史研究のうえでは法性寺という言葉はよく使われる。たとえば平安後期の藤原忠通（九条兼実の父）を邸宅の所在地によって法性寺殿というし、忠通の日記を『法性寺関白記』とよんでいる。さらに九条兼実をも後法性寺殿ともいうので、法性寺は歴史用語としては馴染み深い。

「世継物語」ともよばれる歴史物語がある。平安後期にできた『大鏡』である。紫《むらさき》野《の》の雲林院の菩提講に集まった人々が、講の始まるまえに一九〇歳の大宅世継と一八〇歳の夏山繁樹から昔語りを聞くという設定で物語が展開する。雲林院は現在の大徳寺付近にあったと推定される。『大鏡』では法性寺の創立の動機についての一つの伝承をのせている。貞信公が幼少のとき後に法性寺の建立される土地の前を車で通った。すると「ここここそよき堂どころなめれ、ここにたてさせ給へり」（後略）といったという。

この伝承から、『大鏡』の筆者は法性寺の西辺にそっての大和大路についての臨場感があったようにぼくは感じる。物語のなかでの貞信公の乗った御車とは牛車であろう。

前に寛政年間に刷られた「東福寺境内図」のことにふれた。ところで東福寺は兼実の孫にあたる九条道家が発願して建立した寺である。道家が寺の建立を発願したのは嘉禎二年（一二三六）、一九年後の建長七年に完成供養がおこなわれた。

余談ながら、古代の日本や朝鮮には寺院について発願から完成までを二一年とする習慣があったようである。寺院だけでなく仁徳陵の造営も足掛け二一年かかったと『日本書紀』には記されている。

「東福寺境内図」にでている建物はすべて東福寺になってからの建物だが、境内図の左側にある注記の一つに「鐘楼　西寺之古鐘」とあるのが目につく。鐘《かね》とは、釣鐘《つりがね》のことで梵鐘《ぼんしょう》ともよび銅鐘である。

西寺《さいじ》は東寺《とうじ》（教王護国寺）とともに平安遷都の直後の延暦一六年（七九七）に平安京入口の羅城門の東と西とで建立のはじまった官の大寺である。東寺は今日も創建時の寺域に伽藍が建ち並

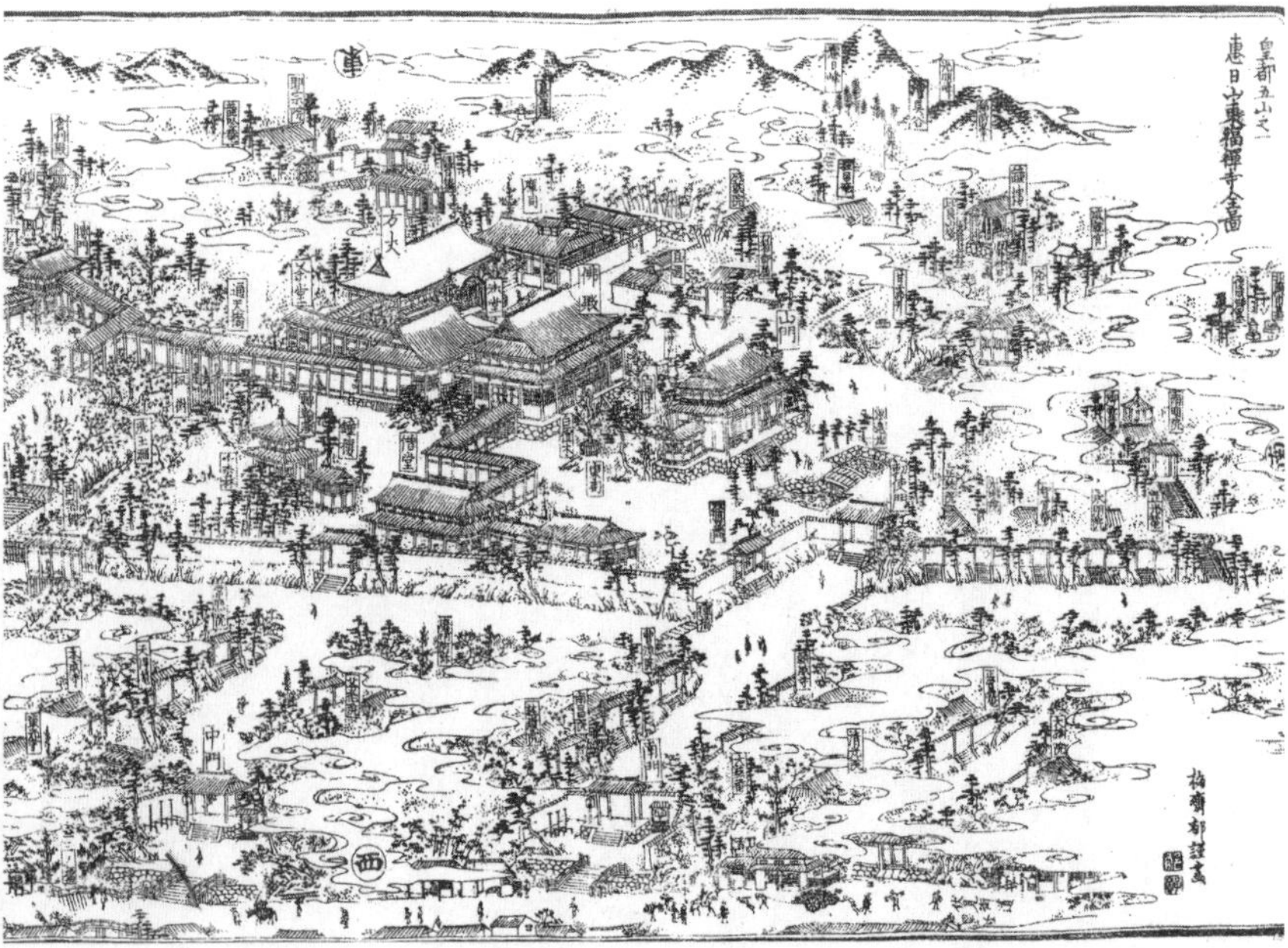

木版東福寺境内図（寛政年間）

び、多くの人びとが弘法大師（空海）への信仰を寄せている。これにたいして西寺は平安時代末にはすっかり衰微し、寺跡に「西寺跡」の石碑が建っている。時代的には西寺が衰えたころに東福寺が建立されるのだから、時間の関係だけでいえば西寺古鐘が東福寺に移っていたこともおかしくはない。

昭和三年五月といえば、ぼくが生れる二ケ月前である。その時に発行された『京都府史蹟名勝天然紀念物調査報告』（第九冊）に、西田直二郎先生の執筆された「藤原忠平の法性寺及道長の五大堂」という長文の論文が掲載されている（以下西田論文と略記する）。私事にわたるが、ぼくが大学院で学

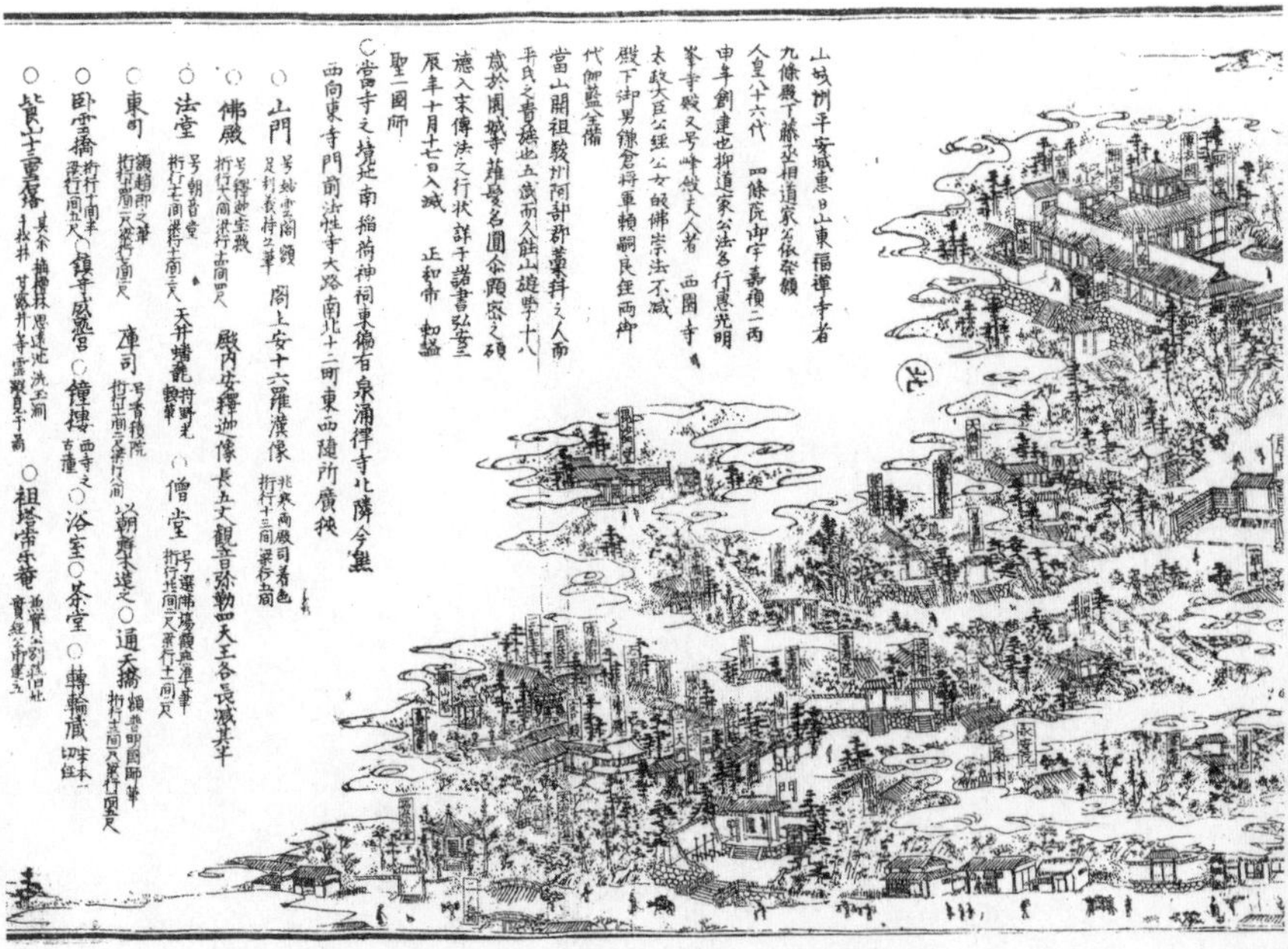

（左より２行目、鐘楼の下に「西寺之古鐘」とみえる）

んでいたとき、日本文化史の講義をうけたのが西田先生だった。そのため自然に先生の敬称をつけてよんでしまう。淡々と講義を進められたが、奥深い内容だった。

西田論文では、丹念に法性寺関係の史料を網羅して考察されていて、史料的にはつけ加えるものは何もないように感じる。もし法性寺建立の経過などに関心のある人は、図書館で西田論文を探して読んでほしい。西田先生はぼくが講義をうけた暫く後の一九六四年に他界された。戦前の著作であるが『日本文化史序説』は名著として洛陽の紙価を高めた。西田論文の書かれた昭和三年には、先生は三二歳で新進の研究者だったのである。

西田先生は、問題の古鐘にも注目された。残念なことにそのころはまだ銅鐘の体系的な研究はなく、この古鐘についての認識も充分ではなかった。それでも成就宮近くの鐘楼（東の鐘楼）に銅鐘が下っている写真が掲載されている。

この銅鐘はいつのころにか頂部の龍頭《りゅうず》の部分を失っていて、鉄棒を代用して釣り下げられていた。現在ではこの鐘楼には昭和二九年に鋳造された新しい鐘が下っていて、毎年の除夜に鳴らされている。古鐘のほうは「西寺古鐘」の札をそえて収蔵庫の光明宝殿に置かれていて、一度拝見したことがある。

前にもふれたが、西田論文の執筆されたころには銅鐘の編年研究はできておらず、この鐘について平安時代中期のものとみるなど、考察は不充分だった。管見のおよぶところでは、昭和一四年に坪井良平氏が発表された『慶長末年以前の梵鐘』（「東京考古学会学報」二）が銅鐘研究にとっての画期だった。

坪井氏は敗戦直後の昭和二二年に『梵鐘と古文化』と題する啓蒙書をかねた研究書をだされた。この本は烏丸通三条東入に社屋のあった大八洲《おおやしま》出版がだしていた「古文化叢刊」の一冊として刊行されたのである。このシリーズは敗戦直後の京都の文化的な底力を感じさせるものがあった。

余談になるが、大八洲出版の一室を借りて、若き日の林屋辰三郎氏がリーダーとなって、発足当時の「日本史研究会」が月例研究会をひらいていた。同志社大学の予科の学生だったぼくも何度か出席させてもらったが、忙しさもあって長続きはしなかった。

『梵鐘と古文化』では、第一章の「奈良時代」の項に東福寺鐘が紹介されている。高さが現存部、つまり鐘の身だけで一メートル四〇センチある。無銘の鐘で、撞座の文様が法隆寺東院の鐘の蓮華文に類似することを述べ、奈良時代後半に編年している。

坪井氏が奈良時代後半とみられたのは、鐘の形態や細部の作りなどを総合した結果であって、実際には平安時代になった直後の延暦年間の鋳造であってもおかしくはない。器物の作り方や流行は、時代が新しくなったからといって、一気に変わるものではない。

東福寺の古鐘は龍頭《りゅうず》の部分を復元すると、高さ一メートル九〇センチ前後の大鐘である。太宰府市の観世音寺の鐘も古鐘として知られているが、高さは一メートル六〇センチである。観世音寺は九州を代表する官の大寺であって、そのような寺での鐘の実例がわかる。東福寺の古伝ではこの鐘がもと西寺のものだが、これでよかろう。

東福寺の開基である九条道家は、死の二年前の建長二年（一二五〇）に膨大な家領の処分についてのリストを作った。この文書が「沙門行恵家領処分状案」である。行恵とは道家の出家後の法名である。この文書は『大日本古文書』の家わけ第二十「東福寺文書之一」に収められている。

このリストの冒頭には東福寺の項目があって、三間四面で裳層《もこし》のある瓦葺の仏殿をまず掲げ、大仏ともいわれた五丈の釈迦如来の坐像を安置していた。この仏殿は何度も火災にあってその度に再建されたが、明治一四年の出火によって失われ、現在は昭和九年に再建された仏殿になっている。昭和の木造建築として最大のものだといわれている。

建物のリストに「西鐘楼鐘一口」があって、この鐘は法性寺の鐘なりの注記がある。道家は法性寺の鐘だということに言訳をする必要をおぼえたようで、このような他の寺の鐘を用いることには先規（例）があると述べ、さらに〝平等院の鐘はもと円提寺《えんていじ》の鐘である。この寺は橘氏の建立したものだが、宇治大閤（藤原頼通）が平等院に移して用いた〟と注記している。

円提寺は南山城の井手町にあって井手寺ともよばれ、奈良時代に建立され、今日も寺跡が認められている。天平一二年（七四〇）には聖武天皇が橘諸兄《もろえ》の相楽《さからか》別業に宿泊している（『続日本紀』）けれども、おそらく井手寺はその別業の近くにあったのであろう。

道家は平等院の鐘はもと円提寺のものだという説をとっているが、それを疑う意見が強い。『宇治市史』一巻（昭和四八年）では、杉山信三、赤井達郎両氏の執筆によって、平等院にある鐘に鋳出されている天女などの文様は、鳳凰堂内部の意匠とあわせて製作されたという見方をとり、道家の移動説を否定している。鐘の形態からみても、奈良時代の鋳造ではなく、平安時代のものであって、円提寺からの移動説はおかしい。ではどうして道家はこのような架空の話をわざわざ財産目録に付加したのだろうか。そこにはいわゆる法性寺鐘―これは遡ると西寺の鐘と同じだろう―への並々ならぬ想いをみることができる。

道家の「処分状」によって、東福寺の鐘はもと法性寺のものだとわかるし、これから述べるように法性寺へくる前には西寺の鐘だったと推測される。なお西寺説について、「処分状」にあるように西鐘楼にあったので西寺説が生れたとする考えもあるけれども、西の字からの共通性を求めようとしたあまりにも短絡的な考えであり、ぼくは採用しない。

道家も鐘にはこだわりがあったが、法性寺の開基の忠平にもその節が強い。『貞信公記』によると、まだ法性寺の建築が始まったばかりの延長二年二月一〇日に「法性寺に参り、初めて鐘の音を聴く」と記録されている。西田論文もこの記録に注目し、「当時すでに法性寺の造立せられしを知る」と記している。ただし造立とはいえ、諸伽藍の造立が完了していた様子はなく、ぼくには工事中の仮普請の現場でわざわざ鐘の音を聴いたとする状況が想像される。

『貞信公記』の同じ年の一一月二八日に、忠平は「法性寺に参詣し（中略）、鐘を楼上に上げ」ているから、二月一〇日には仮小屋に鐘を下げてその音を聴いたとする推測が生まれるのである。おそらく西寺から鐘をゆずられたのは延長二年の早い頃であり、これらの記事から忠平の鐘への執念のほどが推察される。

鐘楼に下っていたころの西寺古鐘（東福寺蔵）
（『京都府史蹟名勝天然紀念物調査報告』第９冊）

小さなことだが、忠平の死後の康保二年（九六五）に、村上天皇の故中宮の一周忌の法事をまず法性寺でおこない、三日後には西寺でおこなっている（『日本紀略』）。このことからも、藤原氏が西寺にたいして特別の配慮をしていたことがわかる。

このように法性寺の建立にさいして、西寺の鐘を転用することに一つのこだわりがあったようである。道家の処分状に、西鐘楼とあるのは、別に東鐘楼があったと推測できるし、西鐘楼の鐘についての注記のなかに、忠平の子の藤原師輔らが鋳造したので法性寺鐘としている。ただしそれに該当する鐘はいまはない。おそらく西寺の鐘は、東鐘楼にあったのであろう。

想像をめぐらせると、鐘楼の建設前に仮小屋をこしらえて鐘の音を聴いていることから、すでに龍頭が失われていたことを考えさせる。いずれにしても、西寺の鐘が今日まで伝わっていたのは嬉しいことである。

ところで当時の貴族たちの古物趣味、いいかえれば由緒のある品々への関心について述べる必要がある。

東福寺の建立が始まってまもなくの嘉禎四年に、大和の斑鳩にある法隆寺に伝わる聖徳太子関係の「法華義疏」や聖徳太子の画像を京都で開帳することになった。宝物類を運んできた法隆寺の僧たちが宿所にしたのは法性寺だった。この寺で道家は子の頼経（鎌倉幕府の四代目の将軍となっていたが、この時は上洛していた）らと寺宝を拝観した。〝拝観が午後四時から夜十時にまでおよんだのは、いかに膨大な寺宝が運びこまれたかをうかがわせるに足りよう〟と関係文書を渉猟した武田佐知子氏は感想を述べている（『信仰の王権聖徳太子』中公新書）。

このときの法隆寺のご開帳によって、京都の貴族から多くの布施が集まり、それは主として法隆寺の東院の建物の修理費にあてられた。それにしても京都の貴族たちに古くからの寺社やそこに伝わる宝物類についての知識があったことがわかる。そのような教養も、忠平や道家の新たな寺院建設の意欲の根底にあったことを見逃してはならない。

本町通りの法性寺と千手観音立像

本町一六丁目の大和大路に面した東側に、いまも法性寺という尼寺がある。場所的には平安時代の法性寺の境内にあたっている。しかしずっと法灯が伝えられたのか、それとも近世になって再建されたのかは文献のうえからは、はっきりしない。とはいえぼくにはずっと法灯がつづいていたようにおもえる。

西田論文でもこの寺を重視して説明にかなりの頁数をあてている。そのなかでこの寺に伝わる嘉永元年（一八四八）の鋳造銘のある鉦に言及している。銘文には「皇都伏見海道二橋下ル洛陽二十一番札所法性寺（以下略）」とある。洛陽二十一番の札所とは、京都での観音信仰めぐりのことで、貞享二年（一六八五）刊行の『京羽二重』には洛陽三十三所観音の二一番に法性寺をあ

法性寺の千手観音立像（『京都府史蹟名勝天然紀念物調査報告』第９冊）

げている。この寺には法性寺創建のころの木造の千手観音立像を本尊としていて、国宝に指定されている。今日でも参詣に訪れる人のたえない信仰財である。

ここで文化財と信仰財という言葉にふれておこう。ぼくは前々からいまなお信仰の対象になっている仏像や神像は信仰財であって、お寺や神社側で文化財というべきではないとおもっている。寺や神社がなくなり、資料館や美術館に陳列されている仏像や神像は文化財といってよかろう。丁寧にいえばもう一つの分類として学術財がある。学者のノートやスケッチ帳などで、美術作品ではないが学問の研究上に価値のあるものをいう。大学の博物館には学術財がどれぐらい集まっているかは、これからの大学の歴史的な力をはかる一つの尺度になるであろう。

それにしても、もと法性寺の仏像がいまなお伝えられてきたのは、その仏像に具わっている力といってよかろう。そのような「力」を創出するのは、彫刻にあたった仏師の信仰力と技であることはいうまでもない。美術史では、技の研究はできても信仰力にはせまれていないことをよく感じる。

この千手観音も、昭和二年の火災にさいして、「住持が身命を賭するの努力により之を奉持し立退き、之を完うするを得たり」と西田論文は伝えている。

各地の寺で、戦乱にさいして仏像を田に埋めて守りぬいたというような伝説を聞くことがよくある。ぼくにはとても持ち上げられそうもない重量の仏像だが、どのように運びだしたのだろうか。信仰の力というほかかない。

ぼくは熱心な仏教徒ではなく、むしろ無神論者に分類されそうである。とはいえ寺や神社は嫌いではなく好感はもっている。これからの仏像についての記述は美術史の用語や視点にこだわらず、信仰財にぼくが対面したさいの感激を伝えることに努めよう。

ぼくがこの千手観音立像に対面したとき、まず脳裏に浮んだのはずっと以前に拝観したことのある奈良市法華寺《ほっけじ》の十一面観音立像である。これは平安時代前期の代表的な仏像としてよく知られているが、全体の姿態のなめらかさや顔の表情がよく継承されていると感じた。

桜材を用いた一本造りで、高さは一〇九センチある。頭部には三段になって二七の化仏を配し、四二の手をあらわしている。今では古色あふれた木肌をむきだしにしているが、もとは黄金を塗っていて見かけのうえでは黄金仏だったと推定されている。

西田論文ではこの像について「様式においては藤原期の優秀其類少なきものなり」として「法性寺のうちにおいても蓋し由緒ある堂において恭敬せられしものと断ずべきなり」と述べている。文中の「藤原期」は藤原時代ともいったことはあるが近年は使われなくなった。平安時代後期といいかえてもよかろう。平安時代後期とはいえ、その早いころで平安時代を三期に分けると中期といってもよい。

念のためにいえば、この寺では仏像の拝観料は定めていない。こういう寺の場合、申しこんで許可がおりると、仏像を拝んだあと寸志を渡すことにしている。寸志は、仏像を維持するためのささやかな一助になればとのおもいをこめている。

それにしても、法性寺の創建期に近いころの仏像が今日までのこったことは幸運というほかない。形あるものがいつかは消えてゆくのは自然の定めというか運命である。そのなかでもなお残るものはそれなりの力を造形できた場合である。一度明るい光線のもとで拝観できる御開帳の機会があればとぼくは願っている。

2章　東福寺をめぐって考えること

同聚院と五大堂の不動明王坐像　東福寺には境内のほぼ中央に東方の山腹から西方へと流れる渓谷がある。もちろん法性寺のころからあった地形だし、寺としては珍しい地形である。この渓谷は紅葉谷とも洗玉澗《せんぎょくかん》ともいい、本町通りにかかる三の橋の名をとって三の橋川ともいう。西方に流れ下って鴨川に水は注ぐ。

境内にはこの渓谷に三つの橋が架かっている。上流から偃月橋《えんげつきょう》、通天橋《つうてんきょう》、臥雲橋《がうんきょう》となり、臥雲橋から通天橋を眺む紅葉の季節の景色はまさしく天下の絶景である。三つの橋のうち通天橋と臥雲橋は屋根のある廊橋である。この渓谷は傾斜がきついため流れも早く、この地形が先の説明で必要になる。

この三の橋川によって、東福寺の境内は南の寺域と北の寺域に分かれている。仏殿、禅堂（坐禅堂）、東司《とうす》、浴室、方丈《ほうじょう》、三門、鐘楼などは南の寺域にある。ついでにいえばわが家も南の地域の東に隣接している。

北の寺域には、月輪殿のあった即宗院、山荘の様子をしのぶことのできる室町時代の建物（方

同聚院の門（奥に五大堂が見える）

丈）のある竜吟庵、開山堂などが点在するし、普門院も北の寺域にあった。

　中門の北方へと塀にそって歩くと臥雲橋が架かり、それを渡ると右手（東側）すぐに月下（華）橋とよばれる檜皮葺《ひわだぶき》の四脚門がある。亀山天皇が一時御所として用いた里内裏《さとだいり》の門を移築したと伝え、平安京の趣を伝える貴重な建物である。この月下門の斜め向いにあるのが同聚院《どうしゅういん》で、法性寺の五大堂にあった不動明王の坐像が祠られている。先に述べた千手観音立像とともに法性寺の代表的な彫刻であり、現在の法性寺は同聚院から北東至近のところにある。

　藤原道長は忠平から四代目の藤原北家の氏の長者である。『大鏡』や『栄華物語』は道長の政治的な絶頂期を描いていて、昔の日本史の教科書では道長のころが藤原氏の最盛期だと教えていた。

法性寺が建立されてから八〇年近くたつと、寺内の堂塔で修理を要する個所が増え、道長が寺の修理に追われていた史料がたくさんある。

寛弘二年（一〇〇五）一二月二一日に、道長は法性寺に五大堂を建立することを発願し、翌年に完成している。それ以来、たびたび法性寺を訪れ、五大堂に宿泊することもあった。

不動明王

同聚院の屋守護の符

法性寺の五大堂には、丈六の五大明王が祠られていた。明王というのは、本来はインドのヒンズー教の神だが仏教にとりいれられ、とくに不動明王は大日如来の使者、さらには大日如来の化身として崇められた。

道長は五大堂の中尊としての不動明王には心が強く引かれたとおもわれる。長和二年（一〇一三）八月一四日には、北の方とともに参籠し七日間は外に出なかったという（『小右記』）。このことは政務を疎略にしたとして非難された。

道長研究の基礎史料は、前にも引用した『御堂《みどう》関白記』で、具注暦の余白に書きつづけた道長の自筆本が近衛家の陽明文庫に伝えられている。御堂とは、後で述べる道長が五大堂の建立よりあとで建立した法成寺《ほうじょうじ》の阿弥陀堂のことである。さらに道長は摂政になったことはあるが、関白にはなったことはない。『御堂関白記』という名称は江戸時代ごろからの通称であって、歴史の用語とするには問題はある。それを知ったうえでその名称を使うようにしてほしい。

どのような経緯をへて、いままで五大堂の中尊としての不動明王が伝わっているのかはわからない。それはともかく、道長が傾倒した不動明王が今日まで同聚院に伝えられ、毎月一八日と二八日には拝むことができる。注意しなくてはならないのは、一日中といってもいつでもよいのではなく、午後一時から住職の河合健宏氏による読経や護摩の供養がおこなわれ、信者にご開帳されている。京都旅行を志す人は、このことをよくメモしておく必要がある。もしあらかじめ法性寺で千手観音立像拝観の許可がとれれば、同じ日に平安時代の剛と柔、猛々《たけだけ》しさと温和といった両極端を具えた仏像に接することができるだろう。仏像を通して忠平や道長をしのべるならば望外の幸せであろう。

現在の五大堂は不動堂ともよばれ、建物は近代のものだが、不動明王の背後に配した火焔の先端がお堂の天井にあたるほどの巨像が安置されている。像の高さは約二・六メートルの一木造りである（口絵写真参照）。

西田論文では、「近代造営の外囲と相比して実に不可思議なる対照をなせり」と感想を述べておられるが同感である。ぼくはこの像を文章で解説することはやめよう。この尊像だけでなく由緒ある信仰財にたいしては、自分が前にたたずんだとき、どのような印象をうけるかが大切であろう。とくに読経の声のひびくなか、あるいは護摩の煙が堂内にたちこめるなか、じっと不動明王を凝視しつづけていると、仏像を博物館の陳列で拝観することの空しさを感じるであろう。

護摩の煙がおさまったころ、信者たちのなかには不動明王の背後へまわる人がいた。その一人が〝背中に腕のはいるぐらいの穴があって、そこから自分の手首をさしこむと明王さんをさわることができる。あなたもしてみたら〟と教えてくれた。最初からの穴のようにはおもえなかったが、このような方法で親しまれている彫刻は聞いたことがない。

同聚院は火除《ひよけ》の符《ふ》をだすことで有名であると西田論文にあるし、現在も施与されている。符とは護符のこと、屋守護《やさご》の符とよばれている。おそらくたびたびの火災にも不動明王が守られてきたという事実に、人びとは信仰の力を見出したのであろう。それにしても、この像を介して平安の昔に道長がうけたであろう感激をぼくは共有することができる。道長もいつしかぼくの心の友になりつつあるようである。

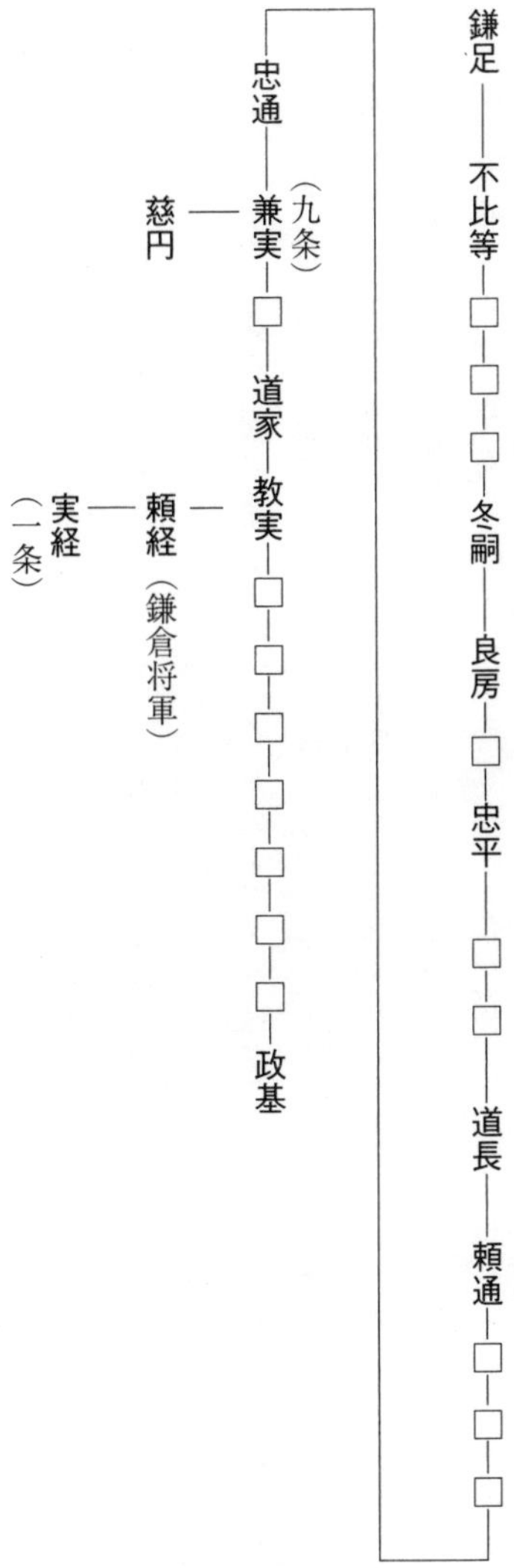

本書にあらわれる
人物中心の藤原氏系図

東福寺の造営と新安沖沈没船

東福寺は、日本史辞典の類でみると、開山は円爾弁円《えんにべんえん》（以下円爾という）、開基は九条道家とあって、当初から二人の協力で寺の建立が進んだかのような印象をもつ。だが九条家の財力をもってしてもこの事業は困難をきわめ、あとで述べるように堂塔の完成は道家の死後になってからだった。

以下少し丁寧に建立当初の状況を述べることにする。それは一見、東福寺とは関係がありそうもない朝鮮半島南西の海域で発見されたいわゆる新安沖《しんあんおき》の沈没船が、じつは東福寺建立の費用調達のために派遣された節があって、そのことを理解するために必要だからである。

道家が奈良の東大寺と興福寺を一つにするような大伽藍としての東福寺の建立をおもいたったのは嘉禎二年（一二三六）だった。翌々年道家は出家したが、病に見舞われ、いっそう東福寺造営の意志を固めたという。

東福寺の造営といっても、道家の先祖たちが造営に関与しつづけた広大な法性寺の境内でおこなわれ、一二三九年には仏殿の立柱となった。

一方の円爾は道家より八つ歳下であり、幼少で仏門に入ったが日本での教学に限界のあることをさとり、平戸から海を渡り入宋し径山寺に行った。径山寺は浙江省余抗県の天目山中にあったが、現在では廃寺になっている。円爾が勉学した当時は、すでに蒙古が華北を支配していた南宋の時代だった。南宋では六年間修行と勉学をつづけ、一二四一年の帰国にさいしておびただしい書籍と経巻などを持ち帰ることにした。そのなかには帰国後に造寺のさいの参考にと描かせた「大宋諸山伽藍及器具等之図」（以下「大宋諸山図」と略す）があり、あとに述べる水車の設計図はこれに収められている。帰国の航海は困難をきわめ、明州（寧波）から同時に出発した三艘の船のうち二艘は途中海で沈没し、円爾の乗った船だけが博多にもどった。円爾の活動はすぐに始まり、博多に承天寺《じょうてんじ》を建立した。この建立には宋の商人謝国明の援助をうけたが、承天寺は円爾との縁もあって東福寺とも関係ができるようになる。

一二三四年に円爾は上洛し、道家は九条家の月輪殿で禅法について教えをうけている。この時の道家は円爾のことを聖一《しょういち》和尚とよんだ。当時東福寺は建立の途中だったが、そこでは台密禅の三法がおこなわれていた。この場合の台は天台、密は真言宗の密教、それと禅であるが、しだいに禅に重点がおかれるようになった。これは東福寺だけではなく、建仁寺でも創建後しばらくは教義が複合していた。現在では東福寺や建仁寺は臨済宗の寺になっているが、創建時はそうではなかったのである。円爾は道家に会った直後、東福寺の開山として落着いたわけではない。当時関東では上野《こうずけ》国（群馬県）新田庄の長楽寺が学問と教義の中心だったが、その長楽寺へ行ったり、鎌倉幕府の執権だった北条時頼の要請によって鎌倉で建長寺の造営に参画したり、京都でも建仁寺の僧に任じられるなど、宗教活動は多岐にわたっていた。

東奔西走の生活のなかでも、円爾は東福寺での生活が多くなり、宋から持ち帰った書籍や教巻などは、北の寺域にあった普門院におさめられ、幾多の学僧を生みだすことになった。虎関師錬《こかんしれん》がおこなった日本で初めての仏教史といってよい『元亨釈書《げんこうしゃくしょ》』の著作も東福寺でおこなわれ、いまその原本が東福寺に伝えられている。師錬は東福寺一五代の住持にもなった。また尾張の長母寺で『沙石集』を著した無住も東福寺で円爾の教えをうけ強い影響をうけているし、あとで述べるように『沙石集』には円爾の臨終の様子を含め円爾の行状がしばしば語られている。

円爾は天皇から聖一国師の称号をおくられ、その学風をつぐ僧たちは聖一派とよばれた。ぼくの感想をいえば、高校の日本史の教科書では栄西、道元、一遍、法然、親鸞、日蓮の名は鎌倉時代の新仏教の担い手として教えられているが円爾はでていない。だがその時代での宗教的な行動力や影響力の点では栄西らに引けをとってはいないようにおもう。それとなにより宋で学び、多数の書物や新知識をもたらした役割をぼくは評価したい。

東福寺のひとまずの完成は、道家の死後三年たった建長七年（一二五五）のことで、道家の子の一条実経の代だった。実経は道家の第三子だが、一条家の祖となった。このとき開堂の儀式は円爾の手でおこなわれ、円爾は開山の地位を固めた。このとき他宗の僧としての日蓮からも、材木が寄付され建立を祝った。このしばらく後に、蒙古と高麗の軍船が九州を襲った文永の役がおこった。

円爾は弘安三年（一二八〇）一〇月一七日に亡くなった。鶏鳴を聞いてから禅牀《ぜんしょう》（禅で使う寝台）にのぼり、遺偈《いげ》を書いて筆をおいたあと絶命した。

『沙石集』には円爾の臨終の様子が描かれている。夏の初めから病が重くなり起居することができず、塔頭《たっちゅう》（たぶん普門院）で療養した。円爾は病をおして法堂《はっとう》にのぼることを強く希望したが弟子たちは同意しなかった。そこで円爾は入滅のとき法堂の鼓《こ》を鳴らすことを希望した。このころには「京中の道俗貴賤、市をなして拝すること三日」の状況がつづき、円爾の人望のほどが察せられる。

辞世の偈《げ》（頌）は「利生方便、七十九年、欲知端的、仏祖不伝」であった。〝七十九年間、生きる智恵をさがしつづけ、端的に知ろうとしたが仏や祖（先生）たちはついに示してくれなかった〟との意味だろうか。円爾は坐棺に納められたことを述べてから、無住は「近き事なれば委しくは記さず」で筆をとめている。円爾の死にざまが強く無住の心にのこったのであろう。なお円爾の死の翌年、蒙古軍が再度九州島を襲う弘安の役があった。

円爾の死後のことだが、元応元年（一三一九）に東福寺で火災があって大殿を失った。鎌倉幕府の最期の執権となった北条高時は、寺の再建のため周防にある地を東福寺に寄せている。一条家からも土佐にある地が寄せられた（建武元年にも大殿は焼け、再建されている）。

東福寺に伝わる古文書では再建の経緯はよくわからない。だが虎関師錬《こかんしれん》はこの間の元亨二年に『元亨釈書《げんこうしゃくしょ》』を塔頭海蔵院で完成し、大きな評価をえている。『東福寺誌』では『元亨釈書』の完成には頁をさいて記述しているのに、伽藍の再建については正中二年（一三二五）二月一〇日の項に「東福寺、再建上棟す」と記すだけで、再建までの経緯は記されていない。当時の東福寺がいかに学問に重きをおいていたかがよくわかる。なお『東福寺誌』によれば虎関師錬が東福寺の住持をしていた元弘二年（一三三二）の項には中巌円月が帰朝とある。円月は東アジア的視野で日本の歴史をみた独特の歴史観での『日本書』の著述によって思想的弾圧をうける僧だが、東福寺とどんな関係があったのだろうか。

東福寺の再建と関係するとおもわれるのが以下に述べる新安沖《しんあんおき》の沈没船であって、昭和五年に刊行された『東福寺誌』の筆がおよんでいない部分を補うことができる。

一九七六年に操業中の韓国の漁船が中国の竜泉窯《りゅうせんよう》産の青磁を網で次々に引きあげたのが沈没船発見の端緒となり、それ以来つづいた長年の学術調査によって船の規模や積荷の全容がわかった。ぼくの印象では、戦後のアジア地域内での注目してよい調査になったとおもう。

新安沖といわれる海域は、全羅南道新安郡智島面にある道徳島沖の水域にあって、船長約三〇メートルの沈没船は水深三〇メートルの海底に沈んでいた。弥生時代から朝鮮半島西海岸をへて中国へ向う船は、この水域をよく通ったので、日本側からも調査の進展は注目された。

調査の初期の段階は積荷の上部にある大量の陶磁器類が引揚げられた。それもあってこの沈没船を誰しも中国船か高麗船だろうと想定していた。ところが調査が進むにつれて、大量の銅銭も引揚げられるようになり、積荷につけた墨書のある木製の札がつぎつぎに見つかりだした。これらの荷札も古代以来の木簡の形を踏襲しているので、以下木簡とよぶことにする。

ぼくを驚かせたのは、東福寺の墨書のある木簡が四一点もあり、ほかに筥崎《はこざき》や釣寂庵《ちょうじゃくあん》の墨書も見られる。筥崎は福岡市箱崎町にある筥崎宮、釣寂庵はさきに円爾との関係で述べた承天寺の塔頭であり、東福寺と関係の深い末寺の塔頭である。さらに細かくみると、「東福寺足」と木簡の表面に墨書し、裏面に「十貫公用」とあるものが一五点もあって、表面の墨書の〝足〟は日本での銭の慣用的異称で、お金のことである。〝おあし（足）〟とぼくも子供のころは使ったことがある。西谷正《にしたにただし》氏もいうように、この木簡は中国人や高麗人が書いたのではなく、日本人が書いたとみてよかろう（「新安海底発見の木簡について」『九州文化史研究所紀要』第三十号）。たんなる日本人というより、東福寺の関係者の手になるもの、さらに木簡を書いたというより積荷の準備段階で積荷につける作業をしていたのであろう。

西谷氏によると、承天寺にはいまも伝わる行事があるという。僧たちが一月一一日の朝に筥崎宮に参拝するのである。これは承天寺の開山である円爾が宋からの帰国の途中、海で嵐にあったとき、筥崎宮の神を祈願すると嵐はおさまり無事帰国できたという故事にもとづいてつづけられている。

木簡のなかに「筥崎奉加銭」とか「筥崎奉加拾貫」とあることから、この貿易船のもたらす銭のなかに最初から筥崎宮におさめる予定のものがあったとみられ、さきほどの承天寺の行事の由緒の古さがわかる。

木簡のなかに至治参年の墨書が七点ある。至治参年は元の年号で一三二三年にあたり、わが国の年号では元亨三年で、大量の銅銭の示す年代ともほぼ一致している。

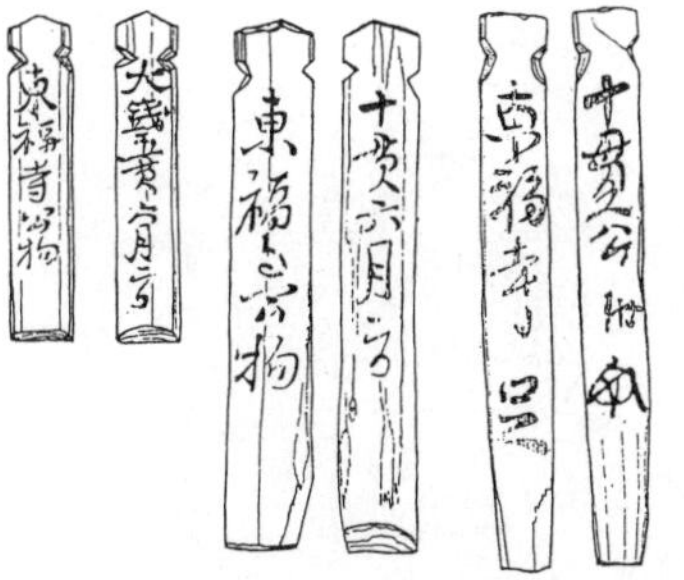
新安沖沈没船にあった東福寺関係の木簡
（『九州文化史研究所紀要』第30号）

一三二三年はすでに述べた東福寺の火災のあった一三一九年とお堂の再建がおこなわれた一三二四年の途中にある。おそらくこの沈没船は、東福寺再建のため派遣されたもので、建長寺船や天竜寺船と同じような造寺の費用をつくるという役割があったとおもう。積荷のなかには二八トンの銅銭があり、個数にして六百万枚に達すると推測される。二二〇〇〇点の陶磁器類とともに輸入品の双璧であった。なお積荷のなかに三つの石臼

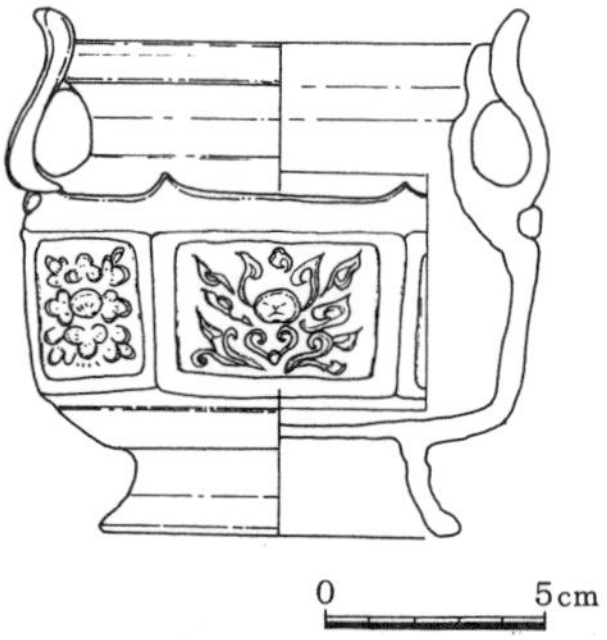

永明院開山の墓出土の香炉
（八賀晋氏作図）

があった。これは東福寺が入手をとくに望んだものとおもうが、それについてはあとでふれる。

　ところで新安沖沈没船の積荷のなかに六角形の双耳の香炉がある。ところが東福寺の塔頭の永明院《ようめいいん》の中世墓から一九七九年に六角形の双耳の香炉が発掘された。たまたま京都国立博物館で「日本人が好んだ中国陶磁展」がひらかれ、この香炉を並べてみる機会があった。二つの器は「そっくりさん」であることがわかり、一九九一年一〇月二五日の『京都新聞』夕刊に写真いりで大きく報じられた。

　永明院の中世墓とは、永明院開山堂の改築にさいして八《はち》賀《が》晋《すすむ》氏によって調査がおこなわれたものである。一三〇八年に亡くなった永明院開山の蔵山《ぞうざん》順空（勅《ちょく》諡《し》により円鑑禅師となる）の墓である。蔵山も南宋に渡って勉学した経歴があり、帰国後に東福寺の第六世住持《じゅうじ》となっている。蔵山の死んだ一三〇八年は、さきに述べた東福寺が火災にあうより一一年前のことだから、新安沖沈没船に荷を積んだ一三二三年よりも古く、そっくりさんとはいえ、なお謎はのこる。

水車小屋の設計図と石臼

　円爾を含め、当時の僧侶は経巻を通して仏教の研鑽だけに務めていたのではない。円爾についても、僧侶の袈裟や寺社の帷《い》帳《ちょう》はもとより武士の陣羽織や公家の衣冠などに必要な絹糸や絹織物にも関心を示し、入宋にさいしては冷泉津（博多のとなりの津）の町人を伴い織物のことを学ばせたのがのちの博多織であるといわれている。また、博多の年中行事の祇園会《ぎおんえ》（今日の祇園山笠）にでる山車《だし》も円爾の創案とするなど、世間では多能な人とみていた。円爾のもたらしたとする製品の一つにソーメン（素麺）があって、以下ソーメン作りに必要な製粉用の小屋や石臼について述べることにする。

ぼくはまえに東福寺の塔頭芬陀院《ふんだいん》住職の爾文弘《その》さんにいろいろお話をうかがったことがある。爾さんの家名は、東福寺開山の円爾の一字をとって苗字になったとのことで、それがまず驚きだった。もう一つは、毎月三回、北の寺域にある開山堂にソーメンを供えるとのことであった。そのソーメンは普通に食べるように調理したものであるという。さらに僧が一斉にソーメンを食べるとき大きな音をだし、南は稲荷、北は七条ぐらいまで伝わったといわれるほどだったとも聞いた。この光景は一度みたいとおもったがまだ果たせていない。とにかく円爾とソーメンの関係がいまもつづいていることは確かめられた。禅僧の食事は一見粗末そうではあっても、出し汁のとり方など細かな点で心配りがゆきとどいている。

円爾が宋から持ち帰った品々のなかに「大宋諸山図」があることを前に述べた。中国の有名寺院の建物や仏事に必要な器物などを図にしたもので、円爾の知識欲と周到さがよくあらわれている。その最後のほうに、製粉用の水車小屋の設計図がある。

このことを紹介したのは、粉体工学の三輪茂雄氏である。三輪氏は粉体工学を専門にしておられたが、しだいに石臼に代表されるような昔の製粉技術の研究に範囲をひろげられ、ぼくもイエズス会の南蛮寺跡の発掘で、石臼の破片が出土したのを契機として三輪氏と親しくなった。三輪氏は著書の『粉の文化史』（新潮選書）のなかで、この水車小屋の設計図を〝工場の図面としておそらく本邦最初のものである〟と述べておられ、ぼくの注意をひくことになった。

そのころのぼくの関心は古代に集中していて、中世の東福寺についてあまり考えたことはなかった。東福寺とはぼくの家の隣ではないか、そこに「大宋諸山図」がある。さっそくぼくは東福寺にお願いして「大宋諸山図」を拝見することができた。

設計図には〝水磨《すいま》（水ウス）〟の字がそえられていた。水ウスとは水力を利用して回転させる水車で動かす石臼のこととみられる。谷川から樋《ひ》で引いた水を落下させて水車を回し、水車の軸の端にある歯車が石臼を動かす仕組みになっている。石臼は二つ描かれ、それぞれに茶と麺の字をそえているから、抹茶用とソーメンやウドン用に小麦をひく役割が期待されていたのである。

子供のころ、ぼくは大阪府の生駒山脈の麓や岩湧山《いわわきさん》の麓で、谷川ぞいにたくさんの水車小屋を見た。そのときの経験を生かすと、東福寺の境内には谷川の水を引くことのできる地形がある。洗玉澗《せんぎょくかん》といわれる三の橋川ぞいで、臥雲橋《がうんきょう》と通天橋のほぼ中間にあたる。ここならば谷川の水を引くのにも、小屋を設けるのにも適している。

見通しをさきにいってしまおう。ぼくの観察では中世の東福寺に水車小屋があった形跡はいまのところ見出せない。見出せないとはいえ、地形的に水車を設置しやすい土地はある。

ここでぼくなりの疑問を述べよう。円爾の「大宋諸山図」に収められた建物や器物はいずれも仏事に必要なものだった。ではどうして巻末に水車小屋の設計図をのせたのだろうか。もちろん水車小屋も、僧が必要とする茶の粉や小麦粉を作るのに用いるから、これも広い意味での宗教活動とみることはできる。

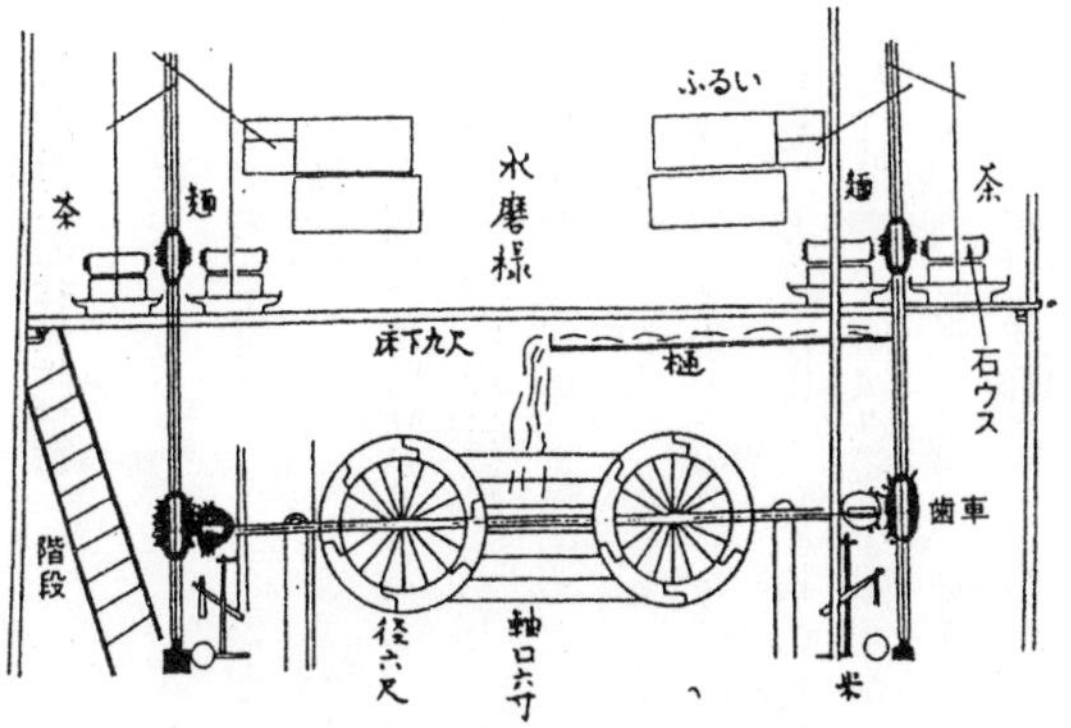

水車小屋の設計図（三輪茂雄『粉の文化史』新潮新書）

ぼくは、円爾が帰国後の造寺にさいしての参考になればとおもって、水車小屋の設計図もいれたと考えていた。だが水車小屋はどのような地形の土地にも作れるものではない。そのことを考えると、円爾はあらかじめ法性寺または建立のはじまった東福寺の地形を知っていて、その地形を念頭におきながら「大宋諸山図」を描かせたという見方もできるように考えはじめた。

　さきに述べたように新安沖の沈没船の積荷のなかに三つの石臼があった。そのうちの一つの下臼には六つの蓮華の弁を彫刻していた。三輪氏はこの石臼をソウル中央博物館で見学されたが、使用痕はなく新品同様で商品として積みこまれたとみておられる（『石臼探訪』産業技術センター）。抹茶の粉を作る石臼は、小麦粉をひく石臼よりも精緻に仕上げねばならず、出土品として知られている中世の茶臼も、寺院に伝世している中世の茶臼も、中国からの輸入品だと観察されている。おそらくこの貿易船が海難事故にあわず無事博多に帰っていたら、東福寺に水車小屋は作られたであろう。なお東福寺境内では、報恩院の裏山に江戸時代の石臼が多数捨てられている。これらはすでに日本で大量に作られた手でまわす粉ひき用の石臼である。

京の禅寺のなかでも東福寺は「伽藍面《がらんづら》」といって大きな建物のあることで知られていた。とくに応永一二年（一四〇五）ごろの建立といわれる三門は壮大である。もう二〇年も前のことだが三門を覆う普請用の建物ができ、連日さわがしかった。そのとき聞いたことだが、この普請はやがておこなわれるはずの東大寺大仏殿を修理するための技術的なリハーサルをかねたものとのことであった。

室町時代の荘園経営

応永年間は室町時代である。室町時代といえば荘園制度が衰退した。荘園はそれまで寺院や公卿たちの経済的な基盤であり、天皇家も例外ではなく室町時代には御所が荒廃したり即位がおこなわれなかったこともあると日本史の教科書にはのっていた。

そのような一五、六世紀にあっても、東福寺が大伽藍の建立をおこなうことのできた原因は何だったのだろうか。東福寺には三門のほかにも禅堂、東司《とうす》、浴室など室町時代に建立された建物がある。とくに禅堂の屋根の勾配の美しさをぼくは好きだし、東司は僧侶の共同トイレで浴室とともに日常生活に必要な建物がよくのこっているのも注目してよい。東司の窓から観光客がのぞきこんでいる風景はよく見かける。その頃のトイレには紙があったわけではなく、籌木《ちゅうぎ》という薄板が使われ、実際に東司から籌木が発掘されたこともある。

ぼくは荘園の歴史を詳しく調べたことはない。だが一九九八年に今治市でおこなわれた第二回の「しまなみシンポジウム」で、参加された山内譲氏から次のような話を聞いた。

天文一九年（一五五〇）に、梅霖《ばいりん》守龍という東福寺の僧が周防まで瀬戸内海を船で渡って、荘園から税をとりたてに行って、海賊に出会ったとのことであった（『瀬戸内の海人たち』Ⅱ、愛媛新聞社)。

ぼくはさっそく、家で『東福寺誌』を読み直した。たしかに天文一九年六月二七日に、周防国にある得地(荘園)の収税にゆき、途中で海賊が矢を放ってきたのでこちらも鉄炮を放つと海賊船が疵をこうむり立ち去ったという。

わが国に鉄砲が伝来したのは、一五四三年に種子島へもたらされたのが最初となっている。天文一九年とはそれより七年後であって「鉄炮」とあるのは鉄砲と同じだろうか。それはともかく東福寺の僧は海賊の襲来をもしりぞけながら周防にでかけ、荘園からの収入を確保する努力をしていたのである。しかも天文一九年とは周防の領主の大内義隆が家臣の陶晴賢によって殺される直前であった。

梅霖は翌年二月に皆納をみて帰洛しているから、武士たちからもきちんと年貢は徴収したのである。なお梅霖のこの文書は塔頭の大機院に所蔵されているそうだが、ぼくはまだ拝見の機会をえていない。

東福寺の大檀那は九条家である。東福寺の開基となる道家から一〇代のちに政基《まさもと》がでた。戦国時代の九条家の当主である。関白になったこともあるが、一五〇一年から武士に押領されつつあった和泉国日根荘《ひねのしょう》に下向し四年間滞在した。それは公卿としては例外的な行動として名高い。日根荘は日根野荘ともいって、大阪府南部、今日の泉佐野市の山間部にある。政基が日根野での生活を記録した『政基公旅引付』はぼくも大学院のころ通読したことがある。

政基は一五一六年に亡くなり、東福寺に葬られ、慈眼院《じげんいん》前関白殿下の諡《いみな》をもらった。慈眼院は日根野にある中世寺院で、瀟洒《しょうしゃ》な建物が配されていることは京田辺市薪《たきぎ》の一休寺《いっきゅうじ》を見るおもいがある。それにしても東福寺の境内には、兼実以来の墓が営まれている。これは法性寺の開基となった忠平以来の伝統でもある。禅の道場でもあるがもう一つは九条家の人びとを葬り菩提を供養するための寺でもあった。

3章　稲荷山への信仰

東山三十六峰の南端の山はすでに述べたように稲荷山《いなりやま》であり、この山の三つになっている峰には古代・中世の稲荷社があった。この山頂にある社に、平安時代や鎌倉時代の京都に住んだ人びとが詣でたのであり、そのことは幾多の史料に語られている。

深草遺跡と稲荷山

稲荷山から山麓にある現在地に社が移ったのは永享一〇年（一四三八）で足利将軍の義教のころだとし、江戸時代の地誌ではおおむねこの説を紹介している。これとは別に嵯峨天皇の弘仁七年（八一六）に空海の意見で山頂から現在地に移したとする説もあるが、そののちも稲荷詣として山を登った史料が多いのでぼくはこの説をとらない。平安時代や鎌倉時代の史料で稲荷社のことを読んだとき、山麓にある現在の伏見稲荷大社をおもいうかべるようでは歴史はさぐれない。

このことは醍醐寺や安祥寺でも同じような注意がいる。醍醐寺も山上にある上の伽藍から麓にある現在の下の伽藍に中心が移ったのだし、安祥寺も上の寺から下の寺へ移ったとみられている。これらの寺についてはあとに述べる。

稲荷社の場合、平安時代や鎌倉時代に現在の社地がどのような状況にあったかぼくにはわからない。だが社家の人びとや社の雑務に従事する人びとの住居が次第にできていた可能性は充分ある。ことによると遥拝所のような場所ができていたのであろう。藤森神社の社伝では舎人《とねり》親王を祀《まつ》る藤尾社がもとあった地ともいう。

ところでいままでの記述で、伏見稲荷大社と稲荷社の名称を併用してきた。昭和一二年に刊行された『神道大辞典』には、稲荷神社として記載されている。それと神社の境内に戦前からたつ石柱には稲荷神社とあって、戦後の昭和二三年一二月に建立された本町通り（伏見街道）に面した大鳥居横の石柱には伏見稲荷大社とある。伏見稲荷大社の名称は新しく、古代や中世はもとより戦前までは伏見稲荷大社の名称はなかったのである。以下の記述では、主として稲荷社の名称を使う。なおぼくの日常の言葉では〝お稲荷さん〟で通じている。

些細《ささい》なことだが、稲荷は地名であってそれだけで場所は想定できる。それと伏見稲荷とよぶと多少の違和感がある。江戸時代に稲荷のあたりまで伏見奉行が支配していたし、いまの神社の所在地が京都市伏見区である。だが一つの町として伏見とよばれる土地は豊臣秀吉がつくった伏見城の城下町である。京阪電車で見当をいえば、稲荷駅より四つ大阪よりの丹波橋駅から中書島《ちゅうしょじま》駅にかけてである。江戸時代に伏見町として知られたのもこの範囲である。昭和四年に伏見市ができ、昭和六年に京都市に合併され伏見区となり今日にいたっている。

稲荷山西麓の低地は、古代には紀伊郡深草郷である。八世紀以前には紀一字が地名だった。戦前はこの地に陸軍の第一六師団司令部があって練兵場があった。ぼくが京都へ移住したとき、は

伏見稲荷大社と元の社殿のあった稲荷山（中央奥）

じめて「シダン街道」という地名を耳にした。鴨川にそって南北に通じる道で、本町通りよりも西にあって、鴨川べりにある。京都の地名だから、どんな字が当てられているのかとしばらく興味をもっていたが、師団へ行く道だったとわかってがっかりしたことがある。とはいえ現在でもシダン街道はすっかり日常語になっている。

深草の練兵場に弥生土器の破片や石斧などが落ちていることは戦前からも知られるようになり、戦後になって一九五四年に辻井喜一郎氏が雑誌『史迹《しせき》と美術』に「京都南郊深草低地に於ける弥生式遺跡の発見と遺物」として紹介された。戦後になると師団司令部はなくなったけれどもアメリカ軍の無線基地として接収され、戦前と同じように一般人が立入って自由に観察できる土地ではなかった。

そのような状況のなか、当時京都の新進の研究者だった宇佐晋一、小川敏夫、星野猷二氏が数日間ではあったがこの遺跡にたいして小面積の試掘をすることに成功され、ぼくが編集していた雑誌『古代学研究』に「深草遺跡」の題で発掘成果を発表された。弥生時代中期の大遺跡であることの一端がよくわかったし、なによりも近畿地方の弥生土器とはいえ、近江や東海系の土器も多数混じっていることがわかった。

この遺跡はそののち龍谷大学の校地となり、校舎の建設にさいして遺跡保存を訴える学生有志のビラが駅前で配布された。それもあって事前の調査がおこなわれ多数の木製品を含む遺物が出土したけれども、残念なことに発掘でえられた資料が、遺物などを収めていた木造建築の出火によって失われ、遺跡の全容がわからないまま現在にいたっている。

この発掘は龍谷大学の卒業生だった網干善教《あぼしよしのり》氏らがおこない、ぼくは発掘直後に現地を訪れ網干氏から説明を聞いた。どうやら濠を周囲にめぐらせた集落（環濠集落）の形跡のあることを網干氏から教えられた。当時はまだ奈良県の唐古《からこ》・鍵《かぎ》遺跡についても環濠集落とする認識がなかっただけに、継続調査がおこなわれていたら大きな成果があがっただろう。いずれにしろ鴨川流域での弥生の拠点集落が深草にあることは間違いなかろう。

まえに『日本書紀』の「欽明即位前紀」に、山背国紀郡深草里に秦大津父《はたのおほつち》という旅をする商人のいたことを述べた。天皇は大津父の経営能力を認め、大蔵を司る職に任命したという。おそらく次にいう深草屯倉《みやけ》の前身であろう。さらに六四三年に聖徳太子の皇子の山背大兄皇子らが蘇我入鹿らによって斑鳩で滅ぼされたとき、〝深草屯倉に移って馬で東国へ行って、そこで力を盛り返して戦おう〟という意見がでたが、皇子はこれを採用せず死の運命にゆだねたという。

ようするに深草には弥生時代のころから大きな集落があるとともに、東国との交易活動が盛んで聖徳太子の勢力が屯倉を置いていたとおもわれる。屯倉というとつい農作物の収穫の多い土地に置かれたとおもわれがちだが、ぼくはむしろ交易活動（貿易を含む）の拠点に設置された施設とみている。おそらく深草の秦氏が屯倉の設置や管理にたずさわっていたのであろう。それと深入りはさけるが、聖徳太子の皇子がどうして〝山背《やましろ》〟を名のっていたのだろう。深草屯倉の存在とからめてさらに研究する必要がある。さきほど南山城の井手寺にふれたが、この寺を「山背大兄王本願」で「橘諸兄公」再建とする古伝がある（『興福寺官務牒疏《かんむちょうそ》』）。

稲荷山への信仰は、地理的関係からみても深草郷の人たちが深くかかわっていたとみてよい。深草郷には秦《はた》氏系の人たちが多かったのであろう。山そのものを神とみなして祀る例は大和の大《おお》神《みわ》神社（三輪明神）に代表例がある。たしかに稲荷山は高さといい形といい三輪山（御諸山）に似た点があって、信仰形態の比較も捨てがたい視点だが今回は省く。

もう一つ指摘することがある。それは深草の交通上の役割である。京都から東国へ行くといえば、つい江戸時代の東海道によって京都の三条から逢坂をこして大津へいたる道筋を頭に描くが、大阪や奈良のほうからやってくる人は深草から大亀谷を通って山科《やましな》盆地に入り、醍醐や小野をへて大津にいたる道がよく使われた。さらに深草よりも南の木幡《こばた》から北東への道をとって山科盆地で深草からの道と合流するルートもよく使われた。すでに述べたように、明治時代の最初の東海道線は大亀谷から山科へ

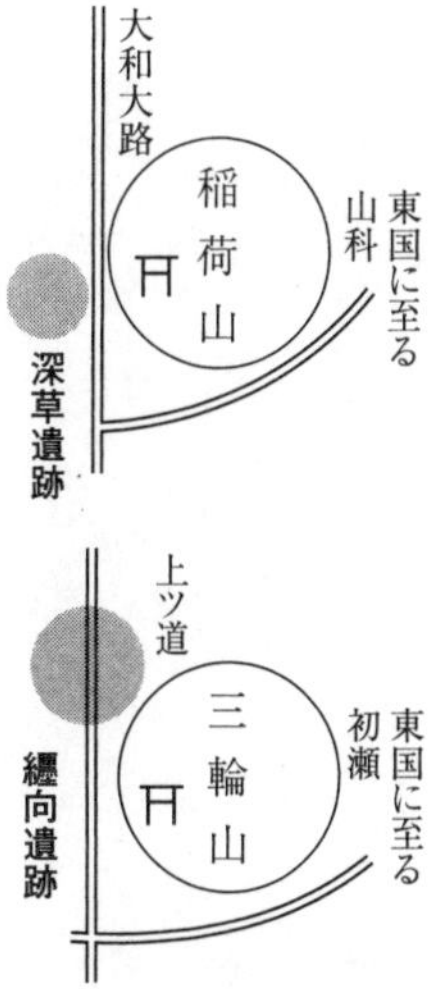

伏見稲荷大社と大神神社
地形の比較

の道筋がとられていた。深草から山科への道筋はいまでは名神高速道路が敷設されている。

奈良の大神神社は、東方の山間部をぬって東西につづく古道の奈良盆地南東部の出入口近くにある。つまり奈良盆地の人たちの東国への主要交通路の拠点に三輪山が聳えている。これと同じように稲荷神社も東方の山間部をぬう古道の出入口としての深草の近くにある。京都盆地全体からみると盆地の南東部に東国とをつなぐ主要交通路の拠点近くに稲荷山がある。このことも視点として重要だろう。

稲荷山が古代のある時期から神奈備山として信仰されるようになるのだが、それ以前に稲荷山の三つの峰はいずれも前期古墳として利用されていた形跡がある。

ぼくは京都に住むようになり、まっ先に歩いてみたのは稲荷山だった。一八九三年にここから二神二獣鏡や変形四獣鏡とともに多数の鉄器が出土していて、現物を京都国立博物館で拝見し何度か山頂へ登ってみた。銅鏡の出土地点は不明であるが、二の峰古墳は社殿の造営によって変形されていて墳形はわからない。三の峰古墳には竪穴式石室があったとも伝えられるが小型の前方後円墳だった可能性はある。このように情報量は多くないが四世紀代（おそらく後半か末）に稲荷山の峰々に古墳が造営されていたことはほぼ確実で、稲荷山が神域化されるのはそれ以降とみられる。おそらく深草郷にいた集団の長たちの奥津城とみられる。とはいえその人たちがすでに秦氏に属していたとする証拠はない。むしろ秦氏がこの地に進出する前の状況を示しているのであろう。

稲荷山の神域化と秦伊侶具《はたのいろぐ》の伝承

日本列島の広い範囲で古墳時代後期には造営される古墳の数が激増した。あとに述べるように東山の山腹にも各所に後期古墳の存在を見出せる。しかし稲荷山では前期古墳はあるものの後期古墳の存在は知られていない。推測になるが、稲荷山が神山とみられだし死者の葬地にすることを避けだしたのは七世紀から八世紀にかけてであろう。

延暦一一年（七九二）といえば長岡京に都があったが、次のような禁令がでている。「山城国紀伊郡深草山西面に埋め葬ることを禁ず。京城に近きによってなり」。ここでは山背国でなく山城国が使われていて年代的にはおかしい。このことは九世紀末に菅原道真によって『類聚国史』の編集がおこなわれたときに地名を統一したとみられている。

深草山は稲荷山の南につづく山である。幕末から明治にかけての旅行者として知られる松浦武四郎が晩年に刊行した『撥雲余興』には、安政元年（一八五四）に深草で掘りだされた六花鏡（内行花文鏡か）とともにあった七点の石製品の図が描いてある。いずれも古墳時代前期の車輪石や石釧とよばれる腕輪型宝器で、かなりの規模の古墳の副葬品とみられる。

ところで延暦一一年の深草山西面での埋葬の禁令をだした理由は京城に近いからだとしている。しかし位置的にみて長岡京との関係で深草山での埋葬を禁止する理由があったのだろうか。ぼくはこのころ稲荷山の神域化が進み、それとの関係で南につづく深草山での埋葬が禁じられたのだろうとみている。

『山城国風土記』逸文に伊奈利《いなり》（稲荷のこと）と秦氏との関係を示す説話がのせられている。「伊奈利というは、秦中家忌寸《はたのなかつへのいみき》らが遠祖の秦伊侶具秦公《はたのいろぐのはたのきみ》が稲梁《いねはし》を積んで富裕だった。そこで餅を用いて的（矢の）にしたら、白鳥となって飛び翔《かけ》りて山の峰にいた。すると伊禰奈利生《いねなりは》え（イネなりはえての意味であろう）ついに社名になった。子孫たちはその過ちを悔い、社の木をぬいて家に殖えて祷《の》み祭った。今その木を殖えて枯れると福はない」とある。難解な説話である。文中の稲粱にたいして「イネ」だけのルビをつけることがよくみられるが、これは「稲木（いなぎ）」の意味であろう。

この説話については、社伝では元明天皇の和銅四年（七一一）とされていて、秦氏にまつわる古い説話であることは事実とみてよい。豊後国も秦氏の多数いた地ではあるが、『豊後国風土記』の速見郡《はやみのこほり》田野《たの》の項にも類似の説話が収められている。〝この地は広大で土地も肥沃で、この地の百姓は食料に余るほどの収穫があった。ついに奢り心がでて、餅を作って的にしたら、餅が白鳥となって飛び去った。それ以来、百姓が死にたえて水田も荒れ果て、水田によくない土地という意味で田野の地名がついた〟という。

これらは古い伝承とみてよかろう。文中の社名になったとする〝伊禰奈利生〟の五字は、おそらく〝稲がなり生え〟であろう。稲荷神社には、文永一一年（一二七四）に藤原経朝が字を書いたと伝えられる〝正一位稲生大明神〟の額があるという（『神道大辞典』「稲荷信仰」の項）。〝なり生える〟を〝生〟の一字であらわしたとみられる。

江戸時代のことだが、稲荷神社に詣でた人は土産物として伏見人形を買い求めたという。天正のころ「つぼつぼ」と呼ばれ江戸時代には伏見人形を商う店は五、六〇軒あったといわれる。ぼくはあるとき、京田辺市の水田の下に伏見人形が埋められている例を知って、図をこしらえ関連する資料を調べたことがある。見通しにすぎないが、古くは稲荷山の土を各地の農家の人が一握りぐらいを持ち帰って呪的な豊作の願をこめて自分の田畠にまき散らしていたが、その土が伏見人形に代わってからも田畠に埋める習慣があり、しだいにいまのような玩具のようになったとみている。

今日の伏見稲荷神社の祭神は三座で、その筆頭が倉稲魂神《くらいなだまのかみ》（宇《う》迦《か》之《の》御《み》魂《たま》大神）とされている。伊侶具の伝承にみられるように、適度な稲の豊穣を保証はするけれども、過度な豊作を戒める神であろう。

稲荷神社では祭神の使いとして狐が石で造形されている。ぼくはあまりそのことを考えなかった。今回考え直してみると、民俗学者の坪井洋文氏（故人）があるとき雑談として、つぎのことを教えてくれた。岡山県の例だが、美作の湯原の神社の祭り用の稲を栽培する神田で収穫した米を貯蔵する小屋を守るのに生きた狐を使ったという。これは坪井氏の著書にも書いてあったようにおもうが、倉稲魂の名から倉に保管してある稲を連想できるとしたら、まさに狐はその倉を鼠の害から守るという実用性もあっておもいつかれたことであろう。そういう意味では稲荷の狐を神の使者と解することは間違いではないが、もっと実際の役割からいわれだし

伏見稲荷の狐の面のセンベイ
（宝玉堂）

平安時代の研究は奈良時代を対象として研究するよりもむずかしい。平安時代前期には六国史《りっこくし》のうちの四冊が該当するのだが、欠落個所があって研究者を困らせている。

稲荷社と東寺

幸い菅原道真が『日本書紀』から『三代実録』までの記事を、神祇、帝王、後宮以下、風俗や殊俗など数百の項目別に編集した『類聚国史』が現存していて、つぎに引用する記事もそのなかの「帝王」の項の「天皇不予《ふよ》」に収められていたものである。この場合の不予は天子の病気のことである。

淳和天皇の天長四年（八二七）正月に、まず天皇が体調をくずし元旦の朝賀にでなかった記事に始まり、つづいて大和の川原寺と京の東寺と西寺とで大がかりな薬師悔過《けか》の法要をおこなっている。病のことを司る薬師如来に病気平癒を祈ったのであろう。

淳和天皇の一代前の嵯峨天皇も長年不予が続いていていてしばしば神仏に祈っているので、淳和天皇の不予がいっそう深刻にうけとられたのであろう。一月一九日に天皇は宣命の形で詔をだしている。宣命の形とは、漢文ではなく、「てにをは」の部分を万葉仮名で文章をつなぐのである。それによると天皇の不予の原因を占ってみたところ、稲荷神社の樹を伐った罪が祟りとなったのである。この樹は先朝が御願寺の塔木にするため東寺が伐ったのだが、いま祟ってきた。そこで大中臣雄良を遣わし稲荷神社に従五位下の冠を贈って謝るとやがて病は快方に向ったという。

稲荷神社はやがて東寺の鎮守となって両者は強く結びつくようになるのだが、その発端は東寺が塔の用材とするため稲荷神域の木を伐ったことに稲荷神社から猛烈な抗議があったのであろう。おそらくここで塔木というのは、塔の中心を支える心柱《しんばしら》のことであろう。

もう一つ見落としてはならないのは、稲荷山に心柱となるような立派な樹（たぶん杉）があったということである。仮に稲荷山が七世紀に神域化したとして天長のころまで二百年はたっていたので老樹が育っていたのであろう。それと寺の一般的な用材は伊賀や近江が主要な供給元であっただろうが、心柱は東寺のある山城の域内で調達したのだった。これは注目すべきことである。

ここで『万葉集』に収められた柿本人麻呂の二つの歌で使われている山代の表記が「開木代」であることにふれよう。

二つの歌はともに山城（古くは山代とか山背）の久世《くぜ》をよんでいるが、どちらもヤマシロを表記するのに「開木代」を使っている。巻第七の一二八六番の歌は「開木代来世社」で書き出していて、〝ヤマシロの久世の社の草を手折らないでおくれ、今が盛りと茂っている草を〟の意味である。久世は稲荷山がある紀伊郡の南につづく久世郡の主邑としての久世郷で、城陽市久世には久世神社があって日本武尊の白鳥伝説がある。

もう一つは巻第十一の二三六二番の歌で、歌は「開木代　来背若子」で始まり「吾欲云　開木代来背」で終わっている。

柿本人麻呂が南山背、とくに東の山麓地帯の歌をよく詠んでいて、久世のあたりに宿泊の便があったのだろう。それにしても山代の山をどうして開木の二字にかえたのであろうか。国語学の井手至氏に「人麻呂集戯書「開木代」について」という論文がある。古代における田代、畠代、

翁の姿をした稲荷大明神
(稲を担い、稲荷社の森の杉の枝をつけ、下に狐がいる。版木は晴明神社蔵)

屋代などの用例から、「開木代」を〝木を開くための場所、つまり伐材、採薪等の山仕事をするのに適した土地の意を表した用字で〝そのような伐木地として開発せられるべき土地の意〟が、古代には地名としてのヤマシロにあったのではないかと推測しておられる。

このようにして天長四年に稲荷神社の名で正史にあらわれ、従五位下の神階があたえられたのだが、承和一〇年には従五位上、承和一一年には従四位下となり、たびたびの神階授与をくりかえし天慶三年には従一位に進み、最終的には正一位に昇った。ちなみに子供のころ各地の稲荷神社で〝正一位稲荷大明神〟の幟をよく見かけたし、さきほどもいったことだが稲荷神社にも「正一位稲生大明神」の額はある。いつ正一位が授けられたのかぼくはその史料をまだ見出せない。

いつごろまで遡る伝説であるかはまだ調べていないが、空海が東寺の門前で稲を担った老人に会い、それが稲荷の神だったことを知って東寺の鎮守にむかえたという。京都市上京区晴明町にある晴明神社には、稲穂のついた藁を担った老人が頭に杉の枝をさし、荷の一方にも杉の枝をつけ、下にいる白狐を見ている版木が伝わっている。江戸時代のもので、このような版木で刷られたお札が多くの人びとに頒布され、さきほどの伝説はひろまったのであろう。

醍醐天皇の命によって藤原時平が編纂を始め、延長五年（九二七）に完成した『延喜式』の「神祇」の項の「神名帳」には、山城国紀伊郡に稲荷神社三座が記載されていて名神大社の扱いをうけていて、すでに世に知られた神社となった。

女性作家と稲荷山詣

清少納言は一〇世紀後半から一一世紀の初めの宮廷人である。『日本史広辞典』で見ると、生没年不詳とあって知名度のわりに記録は乏しい。わかっている経歴のなかに〝晩年は京都近郊の月輪《つきのわ》山荘に住む〟とあって、ぼくをはっとさせた。この本の冒頭で述べた九条兼実の月輪殿とは年代はもちろんあわないし、桂の月輪のほうが候補地としてふさわしいだろう。

『枕草子』の一五八段「うらやましげなるもの」に清少納言の稲荷詣の体験が語られている。二月の午の日の暁（早朝）に稲荷詣を始めている。今日でも二月の初めの午の日を祭る行事がおこなわれ、「初午」とよばれている。稲荷山に初めて神が降臨した日と伝えられ、これは稲荷神社だけでなく各地の同名の神社でもおこなわれている。

『枕草子』のこの個所は会話体がまじるなどむずかしい文章である。そこで古典に詳しい加美宏氏にお願いして口語訳をつけてもらった。使われたのは、「新日本古典文学大系」の『枕草子』でこれは陽明文庫の所蔵本を底本としたものである。

伏見稲荷に、思い立って参詣している時に、中の御社のあたりが（急な坂で）やたらに苦しいのを我慢しながら登っていると、全く苦しそうな様子もなく（私より）後から来ると見えた連中が、どんどん追い越していってお詣りするのは、実にえらいものだ。（ある年）二月の午の日の明け方から出かけて、いそいだけれど、坂の半分ほど歩いたところで、もう巳《み》の時ぐらい（午前十時頃）になってしまった。だんだん暑さまで加わってきてほんとうにつらくなり「どうして、こんな暑苦しくない好い天気の日もあるだろうに、何のために（今日）お詣りしたのか」とまで考えて、（情けなさに）涙までこぼれ、そこで疲れきって休んでいると、四十余りぐらいの女で、壺装束など（の上品な外出姿）ではなくて、ただ裾をからげただけなのが「わたしは七度詣で（上、中、下の三社を一日に七度巡拝すること）をいたしてますのですよ。（もう）三度はお詣りしました。あと四度は大したことではありません。まだ未《ひつじ》の刻のうちに（午後三時までに）帰れるでしょう」と、道で出会った人に言って下っていったときたら、普通の場所でなら目につきそうもない（ただの）女であるが、この女の体に、今すぐなりたいものだと思ったことでした。

さきほどもいったように、稲荷山への尾根道は無理をすれば車も通るほどにゆるやかだから、清少納言の記述は少しオーバーに感じる。それと途中にあった中の御社とは、これから述べる和泉式部の稲荷参りにでてくる田中明神のことだろうか。

和泉式部の稲荷参りは鎌倉時代中期にできた『古今著聞集』にでている。〝和泉式部がしのんで稲荷参りをした〟どうして人にかくれて参ったのか、その理由はあとでわかる。田中明神までくると時雨《しぐれ》にあい困っていると、田を刈っている（野良仕事）童《わらべ》がいて、あを（青。刈草で作っ

伏見稲荷大社の参道と尾根筋の山道を望む（中央より左へ）

た雨衣か）という物を借りてきてくれた。山登りがすんで下向のころ空も晴れたのでこのあをを返した。次の日式部が家の外を見ていると、大童が文をもって立っている。この文を渡そうとおもってきましたという。広げてみると次の歌があった。

しぐれする稲荷の山のもみぢ葉は
あをかりしより思ひそめてき

〝和泉式部は好色の美人なりけるが〟は、『沙石集』巻第五末におさめられた式部がある僧を誘惑した話の書きだしである。『沙石集』には、式部が夫の愛情が遠のいたのを嘆いて貴布禰《きふね》（貴船）で敬愛の秘事をおこなった話がでていて、これにもさらにあとでふれる。

好色の美人としての前提で『古今著聞集』の話に接すると、田で会った童が翌日には大童に変身していたこと、式部の家を探してたずねてきた理由も推察できるようにおもう。結局、式部はあはれと思って、大童を家のなかへいれてやったという。家のなかへいれるとは大童の欲情をみたしてやったということであろう。

野良仕事をしている童が和歌をよんだとする話の設定も、当時の庶民の教養を考えるうえで参考になる。『万葉集』でも、教養人だけでなく多くの階層の人たちが歌をよんでいる。ぼくは識字率を含め、古代の社会を無文字社会などと考えるのは現代人のおもいあがりの証の一つとみている。

『新猿楽記』の稲荷山での愛法

平安時代の著作物のなかで、知的範囲の広さの点でいえば、藤原明衡《あきひら》の著作といわれている『新猿楽記《しんさるがくき》』を第一にあげることができる。官人や多様な職人のこと、猿楽や双六《すごろく》、武者、馬借、工匠、舞人など当時の社会にあったものなら、表社会のことから裏社会のこと、それに全国津々浦々の産物も諳《そら》んじていて、しかもそれぞれで使われていた言葉も豊富にとりいれていて、何度読んでもあきない。後冷泉天皇のとき大学頭をしているから、見当でいえば宇治の平等院を建立した藤原頼通のころの人である。

『新猿楽記』は全編の構成が巧妙である。そのころ京都で大流行していた猿楽の見物に、西の京（右京）に住む右衛門尉《じょう》の一家ででかけたとする想定で膨大な話が展開する。この一家には妻三人、娘一六人、男《おのこ》九人がいて、それぞれの生きるすべ（才能）も違うし、生き方も異なる。右衛門尉とは武官としての右衛門府に出仕する三等官のこと、下級の官人といってよかろう。

第一の本妻は、すでに齢が六〇年になっていて紅顔に衰えがみえだしていた。夫はまだ齢が五八で色を好むこと盛んだという。妻の容貌は上下の歯が欠けてまるで飼猿のようだし、左右の乳は下がり垂れて夏牛の「ふぐり」（陰嚢《いんのう》）のようである。着飾っても誰も相手にしてくれないし、男に媚《こび》を示しても嫌がられるばかりである。自分の身がすっかり老衰したことを知らず、いつも夫の心が等閑（なおざり）になったことを恨んでいる。そこで聖天を祠って供え物をしてみるが験《しるし》はない（森註、聖天は夫婦和合の神とされる歓喜天）。持物（守り神）の道祖を祭るけれどもこれも験《きき》めはない（森註、道祖は道ばたにある男女和合の神）。

（聖天や道祖に祈ってもききめがないので）野干坂《きつねざか》の伊賀専の男祭で、蚫《あわび》苦本《くぼ》を叩いて舞い、稲荷山の阿小町の愛法《あいほう》には鰹破前《かつおはぜ》を甗《うせ》って喜ぶ。

重要な個所だが、難解な言葉がたくさんある。あえて解説すると、野干坂は愛宕郡の松ケ崎から岩倉へこえる道筋にある坂と推測され、伊賀専は狐信仰にからんだ巫女が、そこでおこなう男祭で、女陰にみたてたアワビ（苦本は窪に通じ、これも女陰）を叩いて舞う。

稲荷山にも阿小町の愛法があって、ここでは男根形の鰹節に鼻をならして喜ぶのである。鰹節は江戸時代になってから製造されたといわれるが、煮た鰹を乾燥させて作る鰹節に似た加工品は古くからあって、前に『新猿楽記』のこの個所を「鰹節のような男の性具に鼻をならして喜ぶ」と解説したことがある（『食の体験文化史』所収の「カツオ」の項）。阿小町とは狐信仰にかかわる女巫女《みこ》かとおもうが、その人たちがおこなう愛法についてはあとで述べる敬愛の祭に同じで、破前は男根形の木製品や角製品であろう。というのは弥生時代以来、男根形木製品は各地で出土するし、平安時代前期にできた忌部氏の古伝承を集めた『古語拾遺』に、神代の稲作の作法として〝牛宍（牛肉）を溝口に置き男茎の形を作ってそれに加える〟ことが述べられていて、男根形祭具が稲の豊穣と結びついていたことがうかがえる。

女の蚫苦本にたいして男の鰹破前が一対の性具であって、明衡の知識がそのようなことにまでおよんでいたことには驚くばかりである。それにしても女のなりふりかまわぬ求愛回復への行為はすさまじかった。とはいえそこに農耕神としての稲荷の神が、稲の豊作から子孫の繁栄へと拡大解釈され、稲荷山に愛法の祭をおこなう人たちも発生していたのであった。

稲荷山でおこなわれていた阿小町の愛法をより詳しくさぐってみよう。さきほど和泉式部は「好色の美人」として無住が著した『沙石集』に出ていると述べた。『沙石集』の巻第一〇末には、式部が夫の藤原（平井）保昌《やすまさ》から愛されなくなり、巫女に頼んで貴布禰《きふね》で敬愛の祭をあげた話がのっている。貴布禰は貴船のこと、いまでは左京区鞍馬貴船町にあって、式内社の貴布禰神社は京都の水源の神としてあがめられている。社伝では賀茂建角身命、つまり下鴨社の祭神の娘である玉依姫《たまよりひめ》が貴船に乗って賀茂川をさかのぼりこの地で祠られたという。このことも愛敬の祭に関係したのであろうか。

いずれ紹介するが玉依姫が川でひろった丹塗矢《にぬりや》を家にもちかえると、孕《はら》んでしまって男子を生んだ話が『山城国風土記』逸文にある。丹塗矢とは男根の象徴であることもそのときに説明する。『沙石集』の話に戻る。夫の保昌は妻のあとを追ってきて社の木陰から妻の式部の行動をうかがった。年たけた巫女がまず赤い幣を立て廻らし祭場をこしらえた。数々の作法のあと鼓を打ち、着物の前をかきあげ(女陰)を叩きながら三度廻った。そのあと〝あなたもこのようにしなさい〟と式部を促した。式部が顔を赤らめてじっとしていると〝これほどの大事を思い立ちながら、いまはあとこれだけというときになってなぜなさらないのか。どうして愛敬の祭をしようなどとおもったのか〃とつめよった。そのとき式部は次の歌をよんだ。

ちはやぶる神の見る目も恥しや身を思うとて身をや捨つべき

これを聞いて保昌は〃ぼくはここにいるよ〃といって現れ、二人は仲良く連れ帰って愛情をとりもどしたという。

無住は最後につぎのように述べる。もしあのとき、式部が前をかきあげて（女陰）を叩き廻る動作をしていたら、保昌に嫌われて目的を達せられなかっただろう。それにしても僧の身である無住がどこからこのような世俗話を仕入れてきたのだろうか。まえに無住は東福寺に住んだことがあるといった。東福寺から稲荷山はすぐのところ、そこで愛敬の祭がおこなわれていたことを知って、このような話に取りいれたのだろうかとおもう。

ところで着物の前をかきあげ女の陰部を見せることでおもいだすことがある。記紀神話のなかでの天照大神が天の岩屋戸にかくれてしまったとき、天宇受売《あめのうずめ》（天鈿女）がおこなった動作である。岩屋戸の前に空の汗気《うけ》（空筒・木製容器）を裏返してその上にのって足を踏み轟《とどろ》かせ、神懸《がか》ってくると胸の乳房を出し裳緒《もひも》を陰部のところまで垂らした。見ていた高天原の八百万の神々がいっせいに笑ったという。

ぼくは大阪府の豊中市の野畑の田の下から、巫女の埴輪が出土したことを知って『大阪府史』第一巻で紹介したことがある。まるで天宇受売をおもわせるように、下半身には着衣はなく、陰部が線刻で描かれていて、丁寧にも肛門の孔まで作っていた。上半身には巫女特有の通称袈裟衣をまとい、左腋下を袋のように大きくふくらませ、襷《たすき》をしめて、ここでも裳緒の端が臍の上へ垂れ下がっていた。さらに腰から腹には細い線で注連縄《しめなわ》状の文様をあらわし、首には玉飾りがあった。祭事のクライマックスにさいして、巫女が下半身をあらわにするという風習は神話だけではなく、実際にあったとみてよかろう。なおこの埴輪は首と両腕を欠失していたが、五世紀ぐらいの年代が考えられた。

きれいごとにされた話

和泉式部が男の愛をとりもどすため貴布禰に詣った話は、『十訓抄』や『古今著聞集』にも収められている。ただし『沙石集』の話よりずっと美化されている。『十訓抄』でみておくと、式部が「男のかれがれなりけるころ」、つまり男が訪れなくなったころ、俗にいう男枯れしたころ、貴布禰に詣って蛍の飛ぶのを見て歌をよんでいる。『沙石集』の歌とはまったくの別物で、この日の神詣の目的からみるとさっぱり似合わないきれいな歌だが、歌は省略する。すると社の内より忍びたる声がして歌を返してきた。貴布禰の神がよんだのだろうという。

『沙石集』の話とは違ってきれいごとの貴布禰の話になっている。あえて共通点をさがせば、男の愛情をとりもどすための参詣というところである。それにしても無住はどうしてこれほどまでリアルな描写ができたのであろうか。さきほどもいったように東福寺での生活の経験が役立ったのであろう。稲荷山での愛法の祭は、稲荷神社本来の祭ではなく、稲荷山信仰から派生したものとおもわれる。とはいえさきにあげた『古今著聞集』の和泉式部の話でも、根底に愛法の祭のある山だと意識されていたとみてよかろう。

最後に『今昔物語』の巻第二十八にある稲荷詣の話を紹介しよう。この物語は平安時代後期にできた説話集で、これからもたびたび利用する。著者は源隆国ともいわれるがまだわからない。

今は昔、二月の初午の日に近衛府の舎人たちも稲荷詣をし、そのなかに茨田重方《まんだのしげかた》もいた。茨田氏は北河内の百済系渡来人、重方もその流れをくむ家の生まれだろう。中の御社の近くまでくると、行く人返る人で雑踏するなかに美しく着飾った旅装束の女と行き違った。重方は好者《すきもの》だった。たまらずその女に声をかけた。〝自分には妻はいますがいままでは女中代わりに使っています。あなたにめぐりあえた以上、妻を今日にも捨てましょう〟女も〝三年前に夫をなくし、頼れる人に出会えないかと稲荷詣にきました。でも行きずりの方のお言葉ですから、本気にはできません〟重方は叫んでしまった。〝大明神助け給え。これよりすぐさま、古女房とは別れあなたのお宅へ参ります〟するとその女は重方の髻《もとどり》をつかんで頬を山に響くような音をさせて平手打をくらわせた。重方が女を見上げるとなんと妻ではないか。二人は結婚生活をつづけたものの、重方の死後、女は他の人のもとへ再嫁したという。この話にも稲荷山の一側面がよく語られているとみてよかろう。

4章　深草と藤森神社

尚武と学問の神、藤森神社

京都に住んでしばらくすると、わが家は藤森《ふじのもり》神社の信徒圏にあることがわかった。より近い伏見稲荷大社とは関係しないことが不思議だった。

五月五日に毎年おこなわれる藤森祭が近づくと、隣組から寄付を募る案内がまわってくる。この祭は深草祭ともいって、菖蒲の節句発祥の祭として武者行列がくりだされるし、南北に長い境内を疾走する駈馬《かけうま》もおこなわれる。

ぼくも一度駈馬を見学したことがある。競馬のプロでもない人がやるのには感心した。そのときこの行事をよんだ「百姓の一日の武者や夏祭」（笛童）の俳句をおかしく感じた。この俳句は神社が発行する「藤森神社縁起略誌」に掲載してあったもので、笛童がいつ頃の人かはわからない。「一日の武者」が「一日武者」でもよいようにおもったが、どうだろう。

藤森神社に限らず、各地の神社の祭神の名前を聞いても理解が深まるわけではない。そういうことを穿鑿《せんさく》しないで、大勢の人が熱心に参詣している。近畿地方で正月に多くの参詣者が集まるのは、京都では伏見稲荷大社、大阪では住吉神社だが〝住吉さん〟を例にとっても三柱の祭神を

藤森神社

きちんと答えられる人は百人のうち一人ぐらいであろう。それでよいのだし、そこに日本の信仰なるものの特徴がでているとぼくにはおもえる。
そうはいっても、どうして藤森神社は平安遷都以前にまでさかのぼる信仰の地なのであろうか。一つの理由は所在地が深草にあることだろう。深草の歴史の古さはすでに述べた。だが深草の土地の賑わいが古くまでさかのぼることだけでは、菖蒲の節句発祥の神社と伝え、勇壮な駈馬のような武者の行事を祭に取り入れていることの説明にはならない。そこで久しぶりに境内を散策してみた。
京阪線の藤森駅で下車して本町通り（伏見街道）を南へ歩いた。駅の案内には徒歩五分とあったが、ぼくの足ではその三倍はかかった。本町通りの東側に面した鳥居をくぐり、もう一つの古そうな鳥居もくぐって境内に入ると、数人が南に面した本殿で拝礼している。どの人もかなりの時間の拝礼をしていて、信仰が根づいていることをあらためて感じた。

崇道尽敬皇帝と崇道天皇

本殿の正面左手に最近たてたような石柱があって、表面に「学問の神様、舎人《とねり》親王御神前」とある。碑の側面には「追贈崇道尽敬天皇《ママ》」の文字が彫ってある。この尊称は舎人親王にあたえられたものであることは、あまり知られていない。舎人親王は、壬申の乱を勝ちぬき古代国家の基礎を固めた天武天皇の第三皇子である。『日本書紀』編纂の中心となったことは歴史上名高いことである。また唐僧鑑真の招聘に力を尽くした人でもある。

舎人親王の生涯には特別の不幸はなかった。だが親王の第七子が淳仁天皇に即位した直後から、親王はすでに死後ではあったが運命が変わりだした。淳仁天皇の即位の翌年の天平宝字三年（七五九）に先ほど述べたような「崇道尽敬皇帝《すどうじんきょうこうてい》」の諡号《しごう》をおくられた（『続日本紀』）。皇帝は天皇に同じであって、仁明天皇を仁明皇帝として記す例もある（『文徳実録』）。

ところが淳仁天皇は藤原仲麻呂（恵美押勝）の失脚にともなって廃帝となり、淡路に流され、淡路廃帝とよばれるようになった。このことは結果的だが舎人親王の栄誉に衝撃をあたえた。このように考えると、舎人親王を祠るということに鎮魂の意味があるのだろう。宮内庁発行の『陵墓要覧』には、他の天武の皇子の墓の記載はあるのに、舎人親王の墓は見当たらない。「崇道尽敬皇帝」の尊称とはたいへんな矛盾であって、死後に悲惨な運命に変わった人とみてよかろう。

藤森神社の祭神にもう一人不遇な人がいる。これも実在の皇太子だった早良《さわら》親王である。早良親王は父が光仁天皇、母は百済王家の血筋をひくことで名高い高野新笠であり、桓武天皇とは同じ両親から生まれた弟にあたる。高野新笠についてはあとでもふれるであろう。

桓武天皇が即位すると、早良親王は皇太子となり、そこまでの運命はよかったのだが、政治的な事件にまきこまれ、皇太子を廃され京都西郊にある乙訓《おとくに》寺に幽閉され、淡路へ流される途中摂津の高瀬で死に、屍は淡路で葬られた。

早良親王の霊は、早くから桓武天皇らに取りついたのか、さまざまな不祥事があらわれ、ついにはその霊に謝ることとなり、墓を立派にしたり、崇道天皇の称号を贈ったりもした。あげくのはて、陵を大和へ移したりしている。八嶋山陵といい、奈良市田中町にある黄金塚古墳（陵墓参考地）もその候補地である。

このように藤森神社には、実在の二人の人物、ともに悲惨な運命をたどった人を祠ってあるのに気づく。

神社発行の「縁起略誌」によると、早良親王は天応元年（七八一）に皇太子になったとき、蝦夷《えみし》を追討する将軍に任じられ、当社に詣でて祈願してから出陣し、戦果をあげて凱旋したと記している。これは正史にはでていないことである。江戸時代の『都名所図会』には「天応元年に異国の蒙古日本へ来るよし聞こへければ、（光仁）天皇第二皇子早良親王を大将軍として退治するべきよし宣旨を賜る。親王当社に祈誓して五月五日に出陣し給ふ」という伝承または想像をのせている。

本殿の東横には神功皇后の旗塚と伝える小土盛のたかまりがあって、昔〝三韓征伐〟でよく知られた神功皇后伝説もあって、早良親王の蒙古征伐の話と混同されたのであろう。

このように読めば読むほど由緒の深さは納得できるが、なぜ不運な二人が祭神なのかは、ぼくあろうか。

には解けない。すでに述べた山背大兄王を含め、深草には悲運の皇子らを悼《いた》む伝統があったので

気がつくと、本殿の東のほうに湧水があって、「不二の水」とよばれている。この日もオートバイに乗って水を汲みにきている人がいて、ペットボトル数本に水を満たしていた。〝この水でご飯を炊いてもうまい〟といって、ぼくにも一口飲むことをすすめてくれた。たしかに旨い。伏見はよく伏水と書くこともあるように、水のよい土地である。五月五日の祭礼に訪れるのもよいが普通の日に訪れて境内を歩くのもよかろう。舎人親王の『日本書紀』はぼくの座右の書物でその恩恵をいつももらっているが、当社には『日本書紀』全巻を「かな」で記した珍しい本も社宝になっている。真偽のほどはともかく、清少納言が写したと伝えられている。それと南北朝時代の紫糸威《おどし》の大鎧も社宝になっている。

伊藤若冲の五百羅漢と石峰寺

藤森神社と稲荷神社の間の東山山脈の麓に百丈山石峰寺《せきほうじ》がある。場所的には稲荷神社からのほうが近く、その南東にあたる。大正四年の火災で建物の多くを失い、江戸時代の文化年間に作られた境内図の版木も失われた。

ぼくはあるとき下鴨神社の境内でおこなわれた古本市で、「深草百丈山石峯禅寺石像五百羅漢」と題する一枚の木版刷を求めた。これは文化年間の版木によるものではなく、大正七年に原絵をもとにし再刻されたものだが、ときどき眺めて楽しんでいる。これも一つの縁だから石峰寺についても書こう。

石峰寺は江戸時代になって明僧隠元《みんそういんげん》が伝えた黄檗宗《おうばくしゅう》の僧によって開かれたのであって、それ

石峰寺の石像五百羅漢の配置（大正７年の再刻版）

ほど古い歴史の寺ではない。寛政（一七八九〜一八〇一）年間、絵師の伊藤若冲《じゃくちゅう》がこの寺に住み、五百羅漢を寺の裏山一帯に配する原図を作り、中央に釈迦の坐像と周りに十六羅漢、つまり釈迦の弟子五百体を自然石を利用して石工に彫ってもらって寺の裏山一帯を仏教の聖域にした。羅漢とは阿羅漢のこと、人びとから供養されるにふさわしい修行中の高僧のことで、いまも約四百体がのこっていて、歩くうちに若冲の奇抜な才能に感心するだろう。

江戸時代の画家のなかでは、ぼくは蕪村とともに若冲が好きである。若冲は錦市場の青果問屋、桝屋（富小路との交点、東南角にあった。いまはない）の主人で、家業のかたわら絵を学び、のち絵師として専念したという。あとでふれるがぼくは錦市場を毎日のように通っていて、とくに錦市場近くの御幸町に仕事場をもってからは馴染深い町である。

何年かまえ、京都国立博物館で若冲の「果蔬涅槃《ねはん》図」がでていた。中央より下に大根を横たえ臨終の釈迦にみたて、右下に胴のくびれた鹿ケ谷ナンキンを、左下に丸いナンキンを置き、諸々の仏や菩薩にみたてていた。さすが錦市場での青果商の経歴が生かされているとはいえ、奇抜な発想である。それにしても野菜にも命があるといいたかったのだろうか。

僧には魚や貝を食べない人がいることは知っているが、野菜は食べている。この点を若冲はどのように考えたのだろうか。

ぼくは日本以外でも、釈迦の涅槃《ねはん》の絵画や彫刻を各地で拝見した。タイのバンコクでも見たし、中国の敦煌《とんこう》でも見た。富山県の五箇山の行徳寺では薪《たきぎ》の上に横たわる寝仏の彫刻を見たことがある。釈迦の涅槃の様子をあらわしているのだが、一向宗で名のある赤尾道宗の「後生の一大事」を造形したものかと見学の折の感想を述べた（『新日本史の旅』西日本編「薪の上の寝仏」の項）。それはともかく、釈迦の涅槃の絵や彫刻の姿勢は共通していて、頭を左にして足を右に伸ばし、右脇を下にして横たわっている。ぼくも昼寝のときよくやる姿勢である。若冲の絵では大根の葉のついたほうを左にしていてやはり同じ姿勢だった。

石峰寺の門前には、京の名水に数えられる茶碗子《ちゃわんこ》の清泉があり、茶の湯に好んで使われるという。それにしても若冲が羅漢の石像を配するまえから寺号の「石峰」はある。若冲がそれらの自然石の利用をおもいついたのであろうか。なお若冲の墓も石峰寺にある。

5章　伏見城と桃山の陵墓

紀伊郷と伏見

ここまで伏見街道ぞいの鴨東《おうとう》の一部を南北約三・五キロ、東西約一・五キロの範囲で書いた。東京では墨田区より北を墨東《ぼくとう》というが響きのよい地名である。洛東ともいうが、鴨川より東でいままで書いたのは古代の紀伊郡に属していた。

永井荷風の名作に『濹東綺譚』がある。それを真似るわけではないが鴨東を使ってみる。

『和名抄』によると紀伊郡には紀伊郷があって、郡の主邑のあった土地と推定されるがどの辺かよくわからない。嘉祥三年（八五〇）に仁明皇帝《ママ》（『文徳実録』の用語、天皇のこと）を深草山陵に葬ったとき、近陵七ヶ寺に使者を派遣して功徳を修している。七ヶ寺の筆頭にあがっているのが紀伊寺で、ほかに深草寺や拝志《はやし》寺など紀伊郡の郷名をつけた寺がある。

紀伊寺の位置は文献上では不明だが、伏見の御香宮《ごこうのみや》神社周辺とする説があって、もしそうであれば近世の伏見町がもとの紀伊郷であったことになる。

この神社は一般には御香宮とよばれ、創建の由来は明らかではないが、室町時代になると伏見一帯の鎮守となり、境内で散楽（軽業等の催し）や相撲の催しがたびたびおこなわれた。町で盗人がでるとその糺明《きゅうめい》が社殿の前でおこなわれ、大勢の人が集まるなど地域の寄合《よりあい》の場でもあった。御香宮には、神前での糾明に用いた湯立の鉄釜がのこっている。伏見城の備品と伝えられている。

御香宮は豊臣秀吉の伏見城の建設にさいして大亀谷へ移されたこともあったが、豊臣家の滅亡後に旧地である現在の土地に戻った。本殿の正面左に御香水《ごこうすい》といわれる湧水があって、ぼくが訪れた日も人びとが、つぎつぎに水を汲んでいた。また伏見城へ運ぶため多くの大名が家紋を刻んだ石材が石垣や拝殿の基壇に再利用されていて、どの大名のものか調べて歩くのも楽しい。神社の表門は伏見城の廃城のあと移築したもので、拝殿にもその伝承がある。

神社境内と周辺では、飛鳥時代後期（美術史では白鳳時代ともいう）から平安時代におよぶ瓦が出土していて寺があったと推定され、御香宮廃寺とよばれている。また境内に入った左手にある伏見義民の碑の台石に使われているのは、古代の寺の心柱をうけた心礎《しんそ》（中心となる礎石）とみられていて、紀伊寺とすれば塔をもった寺だったことが推定される。なお伏見義民とは江戸時代に伏見町奉行の悪政に立ち向かった町人たちの顕彰碑である。

港町としての伏見

伏見の町はこれから述べる秀吉の築いた伏見城の城下町として栄えた。この城は元和五年（一六一九）に廃城になってから、城の本丸の跡地で数千本の桃が植栽されるようになって、桃山に変貌した。城下町はその後も商業や交通の要衝として発展した。とくに宇治川（淀川の上流）の右岸から東北東へひいた濠川にのぞんだ京橋一帯は、伏見の浜地（港）として栄えた。濠川は伏見城の防禦のための濠であるとともに、水運のための運河でもあった。

御香水をくむ人々

御香宮の表門（伏見城から移築）

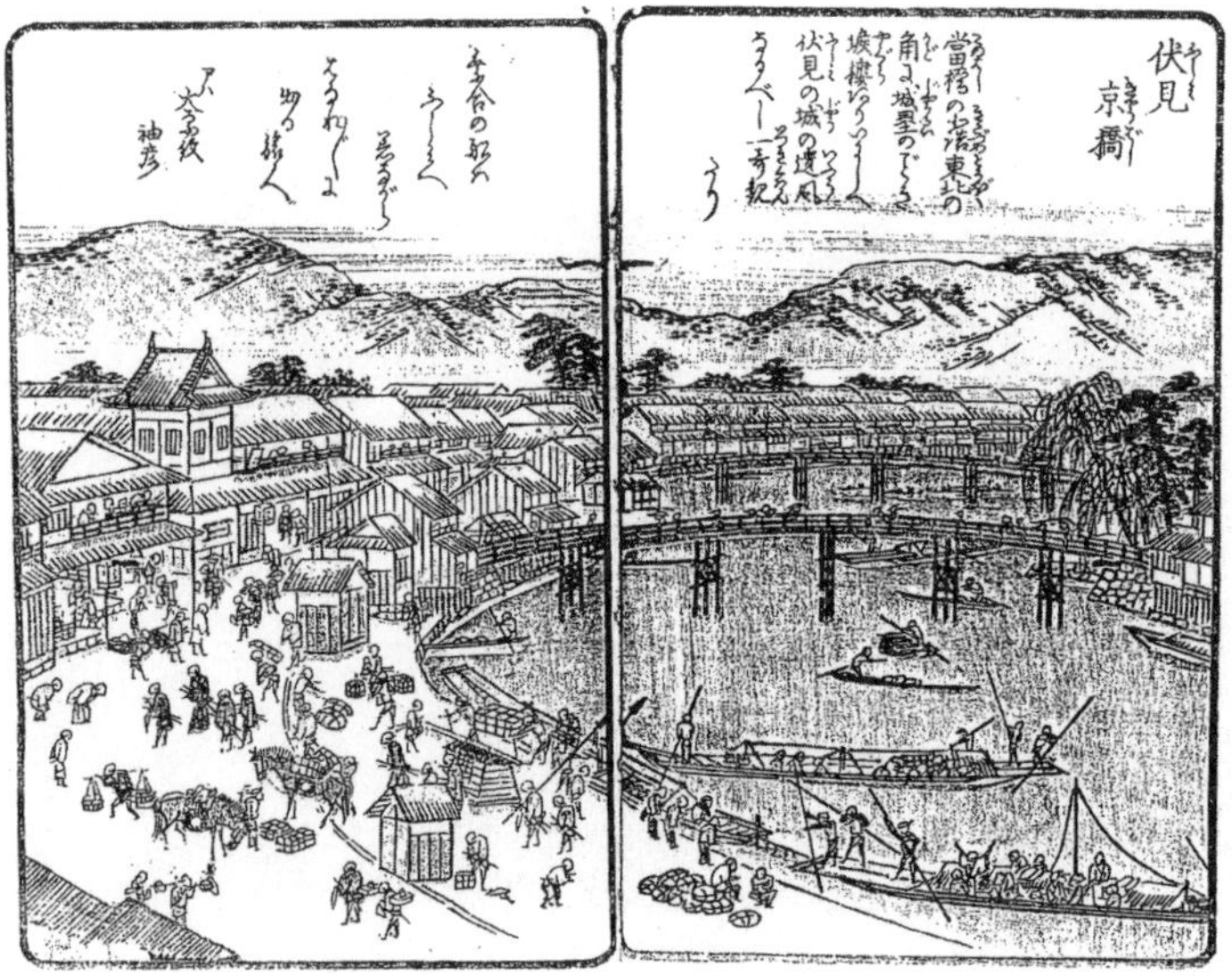

『淀川両岸一覧』の伏見京橋（伏見城の櫓がある）

京橋一帯の賑わいは、文久元年（一八六一）に暁晴が文章を書き、松川半山が画を描いた『淀川両岸一覧』「上船《のぼりぶね》之巻」の伏見京橋の挿絵によく示されている。

その絵によると宇治川には相接近して二つの橋がある。手前の大きな橋が京橋であり、遠いほうの橋が蓬莱《ほうらい》橋とおもわれる。川の右岸に船着場と町屋がある。一〇人ほどの人を乗せた舟を三人の舟頭が棹で動かし、河岸にも荷を積んだ馬や荷を運ぶ人が大勢描かれている。

注目されるのはその川の北岸に橋を見下ろすように城の櫓とみられる建物があって、「伏見城の遺風なるべし。一奇観なり」としている。文久のころまで伏見城の櫓がもとの場所にのこっていたことは知らなかったし、伏見城のころから宇治川水運が重視されていた様子もみてとれる。

長年にわたって伏見城跡から出土する瓦の研究をつづけた星野猷二氏が御香宮宮司の三木義則氏と共著として刊行した『器瓦録想』「其の二、伏見城」によると、藤森神社の西側から真南へとつづいてきた大和街道が宇治川を渡る地点に豊後《ぶんご》橋があって、橋の北詰に石垣をもった櫓跡を〝昭和十五年頃まで我々が日々見ていた〟と述べられている。そのころ櫓の土台は高さ七メートルほどで、南北二〇メートル強、東西二〇メートル弱であったという。

『淀川両岸一覧』の挿絵では、一階部分はそのあとにできた料亭風の建物にとりこまれているが、二階部分は櫓のままのこり、屋根の棟先には相対した二つの鯱《しゃち》が飾られていた。なお豊後橋の名前は、豊後の大友吉統《よしむね》が普請したのでついたとする古伝がある。大友氏は府内（現在の大分市）に城をもつ大名だったが、朝鮮侵攻に不手際があったとして除封された。現在は豊後橋町の地名はのこっているが、橋そのものは観月橋の名でよばれることが多くなった。この橋から見る月が美しいのでついた橋の名だが、現在では橋の上に京滋バイパスの橋が重なり景観はすっかりそこなわれている。

ここで一つの問題について述べておこう。橋のたもとに櫓の土台があったのは豊後橋であって京橋ではない。二つの橋は約八百メートル離れている。ことによると、『淀川両岸一覧』では京橋の賑いを描きながら豊後橋の出入口に現存していた櫓をつけ加えたのだろうか。それとも文久のころには京橋のそばにも櫓があったのだろうか。この点はなお究明課題としてのこる。

伏見大地震と伏見城の壊滅

ここで豊臣秀吉についてふれなくてはならなくなった。ぼくは晩年の秀吉は好きではない。それどころか高麗御陣《こまごじん》といわれた朝鮮侵攻は、日本歴史の汚点とみているし、甥の関白豊臣秀次を突如その地位を奪い切腹においやり、秀次の妻妾や子供たちを三条河原で惨殺した行為も人間のすることではない。晩年の秀吉の生きざまは狂気の沙汰の連続であって、書くのもいやだが、伏見城のことにふれないと伏見町やいままでしばしばふれた伏見街道の説明をしにくいので、以下少しだけ述べる。

秀吉は天正二〇年（一五九二）に伏見の宇治川ぞいの指月《しげつ》の地に「隠居屋敷」を建設するための工事を始めたと文献上ではされている。だが当時の政治の情勢からみても「隠居」するようなのんびりしたものではなく、堅固でかつ人びとを威圧するに足る伏見城の建設を意図していたとぼくはみる。

この年は暮に改元して文禄元年となるのだが、数年来いだきだした明の征服という妄想を爆発させ、大名たちを動員して朝鮮への侵攻を始めた。文禄の役である。朝鮮ではこの戦争を壬辰倭乱《じんしんわらん》といっている。

文禄の役は侵攻の翌年には朝鮮側の抵抗も強く、さらに早くも食糧の欠乏などによって戦えなくなる大名もでて、朝鮮の宗主国としての明と講和を進める必要にせまられ、その使者を迎えるため伏見城を壮大化する工事が急がれた。実用のための築城というより、秀吉の虚勢の道具としての城づくりになったとぼくはおもう。

運命のいたずらというか、急拵《ごしらえ》の城作りのせいもあってか、文禄五年九月五日（旧暦七月一二日、慶長への改元は一〇月）の夜中に大地震がおこり、伏見城は壊滅的な被害をうけた。のちに述べるように方広寺の大仏殿も倒れたし、大仏殿より南にある東福寺でも仏殿が傾くなどの被害がでた。やむなく明の使節を秀吉は大坂城で対応することになった。秀吉の晩年は不運の連続だったとはいえ、自ら招いたことであった。

巨城とみられている伏見城がもろくも壊滅した背景には、伏見地震とよばれる災害にもよるが、それだけでなく城の普請が急拵であったことと、この頃には各大名の秀吉への協力にも昔日のような真剣さが失われていたことが根底にあったのであろう。建物には金箔をはった瓦（金瓦）を多く用い、見た目には煌《きら》びやかだが建築そのものが丹精こめて作られたものではなかった。

伏見地震とはどの程度のものだったのだろうか。まえに八幡市の内里八丁遺跡で発掘中に見つかった地震の痕跡を見る機会があった。このときは地震学の研究者でかつ地震考古学の開拓者でもある寒川《さんがわ》旭氏とご一緒して、発掘であらわれた伏見地震のときにできた噴砂の説明をうけた。阪神・淡路大地震のあとだっただけに、その地震との規模の比較を真剣にうかがった。

寒川さんは無数の噴砂の直径から、〝伏見地震のほうが少し大きかったようです〟といって理科系の知識に弱いぼくを納得させてくれた。とはいえ東福寺では仏殿は傾いたが、三門や禅堂など今日までのこってきた建物も多い。伏見城が壊滅的な被害をうけたのは地震のせいだけではなかろう。

地震のあと、宇治川沿いの指月から伏見山に場所を移し伏見城の再建は急がれ、慶長二年には天守閣が竣工するなど一応の完成をみた。しかしこの年再度の朝鮮侵攻となり（慶長の役）、そのさなか秀吉は伏見城で六二歳の生涯を終った。その死はしばらく極秘にされ、朝鮮への侵略はおのずから終ったが、撤退する兵士の苦労ははかり知れないものがあった。

ところでぼくには疑念がある。さきほどもふれたが伏見城は秀吉の隠居所として計画されたとする通説についてである。伏見の地は大都市としての京都にとって瀬戸内海や太平洋に通じる難波《なにわ》を結ぶ外港の役割を果たしていて、交通と物資流通の拠点であり、そこを掌握するための築城と考えられる。

さきほど伏見京橋の賑わいを幕末の絵で説明したが、江戸時代に将軍がかわるたびに派遣されてくる朝鮮通信使も伏見まで淀川を船でさかのぼることがあったし、坂本竜馬も三十石船で伏見までできて、南浜町にあった愛人おりゅうのいる寺田屋に泊まった。ぼくも竜馬が寝た部屋で一夜を過ごしたことがある。その後しばらくして寺田屋は旅館を廃業した。いかにも江戸時代の旅籠《はたご》屋《や》という感じを味わえる宿だった。

京都市に最初の市電が開通したのは明治二八年で、京都駅から伏見の中書島《ちゅうしょじま》までであった。これは本邦初の市電としてよく知られているが、京都への水運の出入口である伏見を利用する人たちの便宜をはかったものであった。この市電はぼくの中年のころまで運転されていた。これも港町の伏見の重要さをよく物語っている。

港としての伏見の賑わいは、伏見城の廃城後に伏見が商業都市になってからのことであるとよく説明されているが、ぼくは古墳時代にさかのぼるとみている。

黄金塚古墳群と木幡山

東山連峰の最南端が桃山丘陵である。この丘陵上の伏見城の本丸跡には、ながらく復元された伏見城の天守閣が聳《そび》えて観光で訪れる人は多かった。復元天守閣の南東に壊滅状態ではあるが黄金塚古墳群がある。二基の前方後円墳があったと推定されているが、京都盆地南東地域では屈指の古墳群であり、その消滅は惜しまれる。丘陵上からみると南西直下に宇治川が流れ、この土地を選んで造墓した集団が河川交通を掌握した豪族だったと推定される。なお宮内庁管理下の明治天皇陵周辺にも数基の円墳群がある。黄金塚古墳よりはあとの後期のものだが、同じ古墳群とみてよい。

二号墳は復元墳長約一二〇メートルの前方後円墳で、後円部が桓武天皇の皇子伊予親王の巨幡《こばた》墓《のはか》にとりこまれている。伊予親王は謀反の疑いをうけて憤死し、死後には祟りをもたらす御霊の発生源としておそれられた人である。なお『延喜式』によると伊予親王の巨幡墓は山城国宇治郡にあった。

ここで巨幡《こばた》の地名にふれておこう。今日、木幡というのは宇治市木幡を指すが、木幡の範囲は古代にはいまよりも広く、伏見山を木幡山とよんだ例はすこぶる多い（『源氏物語』「浮舟の巻」ほか）。ここでは詳しい説明は省くが山城の中央低地には巨椋池《おぐらいけ》（湖ともいった）とよばれる広大な水域があって、伏見築城まえは宇治川は一度巨椋池に流入してから淀川となって、木津川、鴨川、桂川の水をあわせて淀川の本流となり大阪湾に流入していた。

秀吉は伏見城周辺の地形の改造をおこない、長い堤を築いて巨椋池と宇治川を分離させた。この堤が太閤堤である。

宇治川と巨椋池とを分離させる目的は、川の水運をさらに盛んにすること、それは伏見城建設用の資材の搬入の便のためでもあるが、港町の機能をたかめるためでもあったとみられる。さきほど宇治の木幡と伏見山は別の地域として意識されているという前提で説明したが、太閤堤によって宇治川の流路が明確になる前にはもっと近い感覚で見られていたとおもう。

黄金塚二号墳は伊予親王墓の改修工事にさいして、粘土槨があらわれ、革綴冑の小札《こざね》や刀子が出土した。また前方部が住宅地になるとき畏友伊達宗泰氏が調査を担当し、耳飾を垂下させた人物像を線刻であらわした盾形埴輪の破片が出土した。五世紀の遺物での耳飾は珍しく、注目される資料である。伊達氏最後の調査となった。なお一号墳は墳長約一〇〇メートルの前方後円墳と推定されているが、すっかり住宅地になっている。

古代の木幡といえば、『古事記』にでている若き日の応神天皇の求愛の話がある。応神が木幡村にいたったとき丸邇《わに》（和珥）氏の祖ヒフレノオミ（日触使主）の娘宮主矢河枝比売《みやぬしやかはえひめ》（宅媛）に出会って求愛の活動を始めている。

和珥氏は宇治周辺の大豪族だったと推定されるし、二人の間にのち仁徳天皇と皇位の争いをおこした菟道稚郎子《うじわきいらつこ》が生まれた。皇子は地名の菟道《うじ》（宇治）を冠しているように、山背の和珥氏によって育てられ勢力を築いたとみられ、『宇治市史』では仮の言葉として宇治王朝を使っている。宇治王朝を支えたのは和珥氏だった。

『日本書紀』では、九州から幼い応神を擁した神功皇后の軍勢が東征してきたとき、菟道（宇治）川で大きな戦になった。このとき神功皇后側に加担したのが山背の和珥《わに》氏だった。ぼくは和珥氏の勢力を支えた一つが宇治川水運とみていて、黄金塚古墳群をその奥津城《おくつき》とみてもおかしくはなかろう。

桃山丘陵上には、伊予親王の父である桓武天皇の柏原陵がある。桓武天皇はいうまでもないが

現在の桓武天皇陵

平安遷都の推進者であって、これからしばしばふれるであろう。

桓武陵は最初洛北の宇太野《うたの》に計画されていたが、地元の住民が賀茂神のあることを理由に反対し、紀伊郡の柏原陵となった。『延喜式』によると柏原陵は「山城国紀伊郡にあって、兆域東八町、西三町、南五町、北六町、丑寅《うしとら》の角に二峯と一谷を加え、守戸五烟」とある。兆域（墓地の面積）は広大だが、複雑な地形を選んだせいか正方形または長方形ではなく、兆域の北東方向には二つの峰と谷が一つある地形だった。

平安時代の陵墓の研究をつづけている山田邦和氏によると、もとの柏原陵は伏見城の工事で消滅はしたものの、明治一三年に治定された現在の桓武陵は推定兆域内にはあるとみている（『森浩一70の疑問、古代探求』の「桓武天皇陵はどこにあったか」の項）。

驚くべきことがある。桓武陵の兆域内にはいると推定される範囲内に、明治天皇の伏見桃山陵と昭憲皇太后の伏見桃山東陵が死後に造営されている。明治天皇は明治四五年七月二〇日に亡くなったが、八月一日（大正元年となっている）に会議のすえ、京都府紀伊郡堀内村古城山に御陵を営むことが決った。

東京でながらく暮らしたお二人の墓がどうして京都にあるのか、墳形はともに上円下方墳にしている。周知のように古墳の造営は七世紀末でおわっており、中世や近世の天皇陵は、いずれも墳丘はつくっていない。明治天皇陵は古墳の復活でもあった。大化の改新をやりおえた天智天皇を意識し、京都の山科にある天智陵（ぼくは御廟野古墳とよんでいる）の制によったのは明らかである。

現天智陵は天皇陵古墳としては数少ない被葬者の推定できる古墳であって、長らく上円下方墳として知られていたが、今日では上八角下方墳であることがわかってきた。ちなみに古代の八角円堂とよばれる建物は、限りなく円形に近づけたお堂のこと、それを考えると八角墳は丁寧に造形された円墳とみてもよいようである。

数十年ぶりに桓武陵を訪れてみた。すぐ東方に復元天守閣は見えるのだが、いま閉館されている。伏見でのったタクシーの運転手は桓武陵へは行ったことがないというので地図をみながら車を走らせてもらった。道ばたにも陵の所在を示す標識はなく、万歩計をつけて散歩する老人から目標を確かめた。平安京をひらいた桓武天皇陵にお詣りする京都人が少なそうなのは淋しかった。

豊臣秀吉と東福寺

ここで東福寺に戻る。秀吉は伏見城を築くまえから東福寺に関心をよせていた。伏見城ができてからは、たびたび伏見街道を通ったので東福寺の横を通ったのであろう。伏見街道については、秀吉のころに多少の手は加えられたかもしれないが、それまでの古道とはまったく別の新しい道とはぼくは考えていない。

晩年の秀吉は好色のせいもあって衰えがひどく、当然のこととして死を意識したと推定される。とくに代々の摂政や関白をつとめた九条家の墓のある東福寺には関心を深めたであろう。秀吉もあろうことか関白になっていた。関白になったころ、姓を藤原に改めることを望んだ。しかし結局はかなえられず、豊臣の姓になった。

秀吉は天正一三年に東福寺とその塔頭《たっちゅう》にたいして一八五四石の寺領を寄進し、翌年にも法堂《はっとう》の修理費を寄進している。天正一八年には秀吉の妹である朝日姫の死にさいして、東福寺塔頭の南明院に葬るなど東福寺との関係を強めている。朝日姫は、秀吉が政略で徳川家康の妻とした人でもある。東福寺からは朝鮮侵攻にさいして従軍する僧もでている。

慶長元年には地震で倒れた東福寺の庫裡《くり》を秀吉の援助で再建した。そのさい梁《はり》に「大檀越大相国秀吉」と記したという。いうまでもなくこの寺の大檀越《だいだんおつ》は創建以来九条家であった。このような東福寺と秀吉との深い関係が、秀吉の死後におもわぬ困難が東福寺におしよせてくることになる。それはなんであるのか予想ができるだろうか。しばらく待って読みつづけてほしい。

第2部　鴨東《おうとう》と愛宕《おたぎ》郡をめぐる

鴨川
松原橋
五条駅
京阪本線
七条駅
東福寺駅
卍建仁寺
●勅使門
小松町
卍六道珍皇寺
卍六波羅蜜寺
五条通
清水寺卍
大和大路
卍方広寺
⛩豊国神社
京都国立博物館●
卍妙法院
卍智積院
⛩新日吉神宮
蓮華王院卍
(三十三間堂)
●後白河法皇陵
阿弥陀ヶ峰▲
卍法住寺
太閤塀●
南大門
JR東海道線
⛩新熊野神社
東海道新幹線
東大路

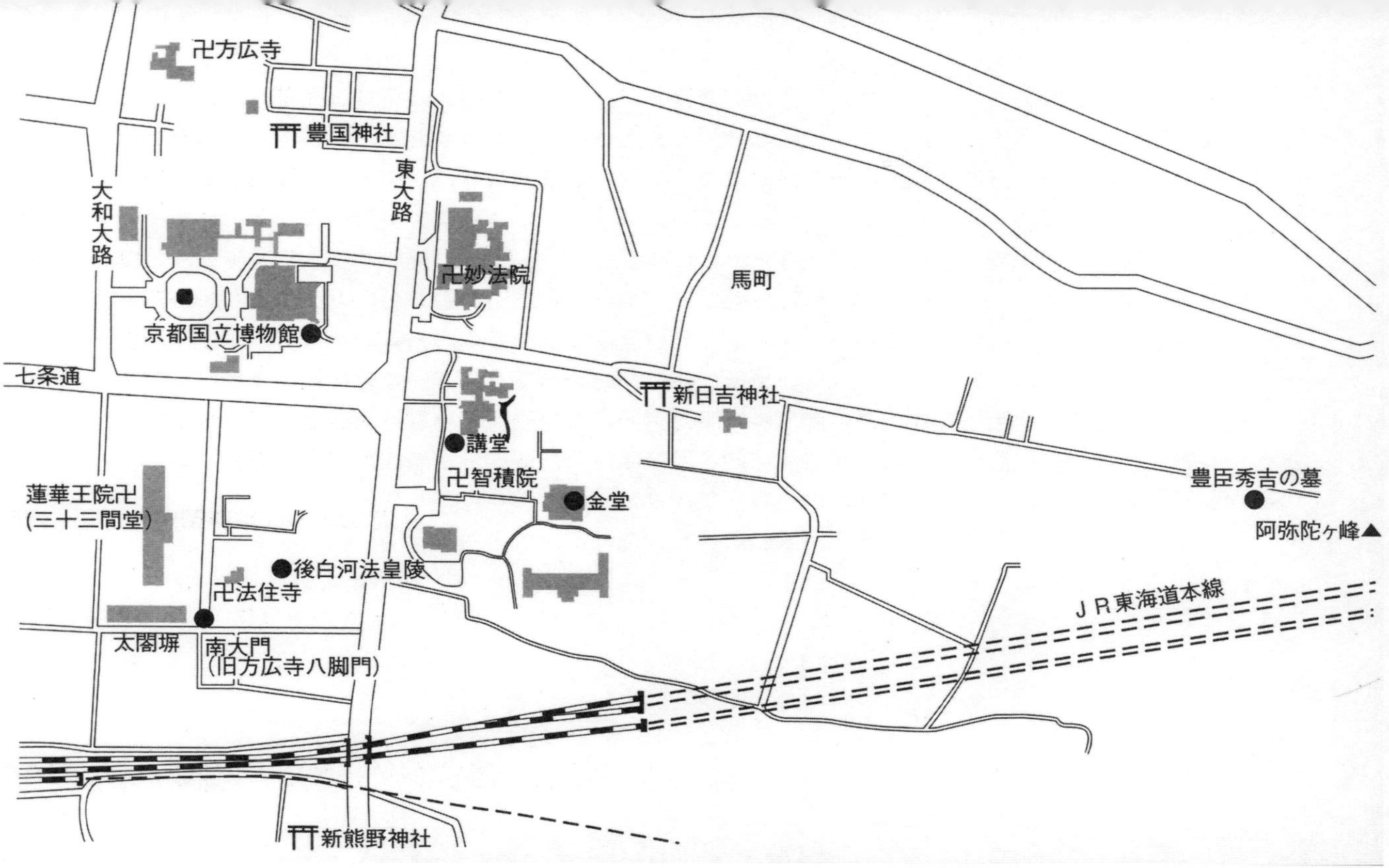

卍方広寺
豊国神社
大和大路
東大路
卍妙法院
京都国立博物館
馬町
七条通
新日吉神社
講堂
卍智積院
金堂
豊臣秀吉の墓
阿弥陀ヶ峰
蓮華王院卍
(三十三間堂)
後白河法皇陵
卍法住寺
太閤塀
南大門
(旧方広寺八脚門)
ＪＲ東海道本線
新熊野神社

6章　京都の大仏殿と阿弥陀ヶ峰

大仏殿建立とその目的

晩年の秀吉は京都に大仏殿を建立することをおもいたった。いうまでもなくそれまで大仏といえば奈良の大仏のこと、つまり東大寺のことである。発願者の聖武天皇の陵は東大寺北西方向の佐保山にあって、寺と陵が接近していることがわかる。ぼくの推測では、秀吉が京都に大仏殿建立を発願したことは、同時に死後に自分が葬られるであろう墓を営む土地についても考えたことであろう。

天正一三年には秀吉は東福寺に寺領を寄進しているが、その翌年に大仏建立の地を東福寺の近所に選定したという（『兼見卿記』刊本はない）。吉田兼見は名高い神道家であり、のちに述べる豊国廟の造営にかかわる人だから、この話は重視してよかろう。ここにも秀吉が強く東福寺に関心をよせていた様子がみられる。

大仏殿の普請は、天正一六年に東福寺の北方にあたる大和大路に面した土地でおこなわれた。この地は三十三間堂の通称で知られている蓮華王院《れんげおういん》をも取りこみ、そのすぐ北のところが、現在の京都国立博物館の敷地である。この工事は人海戦術でおこなわれたが、小田原の役などによって工事はおくれ気味だった。大仏の材質も銅から漆と膠《にかわ》を固める漆膠《しっこう》へと変更されるなどして文禄四年に一応の完成をみた。だが翌年の伏見地震で大仏は大破し、開眼供養は延期されることになった。

地震で大仏が大破したところ、秀吉が夢をみて信濃の善光寺如来を京都へ運んでくることが計画され、真言宗と天台宗の僧や武士からなる大行列を組んで京都までは運んできた。しかし秀吉が病気になり、稲荷の巫女が仏罰だから東国へ戻せということになって、結局は善光寺に戻され、ここでも計画の甘さを露呈した。信濃の善光寺は古くから広い範囲で信仰を集めた不思議な大寺で、阿弥陀三尊を本尊とし、本尊そのものは秘仏であるが、本尊を写したとされる前立《まえだち》の仏像はいくつも模作されて各地の寺に安置されている。いわゆる善光寺式如来である。このとき秀吉が京へ運ばせたのが、本尊そのものか前立の仏なのかはぼくはまだ調べられていない。

秀吉の晩年の子である秀頼は、父の死後に父の遺志をついで大仏の建立を開始した。これには徳川家康の勧めがあったといわれている。本来の計画に戻って銅の大仏の鋳造をおこなった。今回の工事も工事中の失火によってまたしても頓挫したが、秀頼は工事をつづけ慶長一七年にほぼ完成した。豊臣家が凋落の速度を早めた大坂冬の陣の二年前のことで、大仏殿建立どころではないはずだった。このことは徳川家康の遠謀とかかわり、近畿各地の寺社の修理を秀頼におこなわせ、豊臣家が貯えた富を使わせた。秀頼の代になっての大仏建立の継続にはそのような意図があったのである。

銅製の大仏はその後、肩などに裂目ができた。幕府はこの機会にも干渉し、ついにその銅を当時おし進めていた銅銭（寛永通宝）の材料にしてしまい、大仏は木造になったという。寛文年間のことと伝えられている。

方広寺鐘銘問題と東福寺

いままで大仏殿として書いてきたが寺名は方広寺《ほうこうじ》であり、この寺の大仏は東福寺と同じ釈迦如来である。秀頼は方広寺に用いる銅鐘銘文の作成を東福寺の文英清韓に依頼した。清韓は東福寺の二二七代の住持であり、韓長老といって親しまれていた。文禄の役には渡韓した経歴がある。

清韓の作った銘文には「国家安康」と「君臣豊楽」の二句があって、徳川方からクレームがついた。「国家安康」は家康の名をわざと分けてしまったということだし、「君臣豊楽」は豊臣家の子孫殷昌の願をこめた文言だということであった。草案の段階から秘かに家康側に情報を伝えた者がいたようにぼくにはおもえる。

徳川方の東福寺への報復ははげしかった。慶長一九年八月一五日は「東福寺文英清韓の住庵を毀つ」と『東福寺誌』は記録している。塔頭の天得院である。清韓は住居をこわされただけでなく、大坂方の片桐且元とともに駿府へ行って鐘銘について陳謝している。元和元年に大坂夏の陣で豊臣家が滅亡したあとになっても、清韓は鐘銘問題で捕縛された。

清韓がきびしく扱われすぎた背景には、家康が秀吉の遺児の代に早くも豊臣家を断絶に追いやったことへの世間の目をそらすことがあったのであろう。清韓はとんだ災難にあった。その清韓は元和七年にこの世を去っている。

このように豊臣家を断絶させるために東福寺はうまく利用されたきらいがある。ぼくが不思議におもうのは、あれだけ鐘銘が騒がれたにもかかわらず、釣鐘そのものは破却されることもなく、今日ももとの寺域の一かくにある方広寺の鐘楼に下っていて、いつでも見ることができる。このことも鐘銘事件の目的がよく示されている。なおこの鐘楼は明治時代に再建されたもので、鐘はしばらく野ざらしになっていたという。

もとの方広寺八脚門（三十三間堂の南大門）

結局、大仏開眼供養はおこなわれずだったが、大仏殿はのこった。その後も地震や火災のたびごとに木製の大仏は作られ、ぼくも昭和四〇年ごろ一度拝観したことはある。その大仏も昭和四八年の失火で焼失した。

現在、三十三間堂の南に大きな八脚門がある。これは方広寺の南大門がのこったものであり、その門から方広寺の建築物の一端をしのぶことができる。門だけでなく、その門から西のほうにつづく築地塀は俗に太閤塀とよばれ、方広寺の南限にそってのびていた。南門や太閤塀の軒先瓦は秀吉の家紋である五七桐がつけられていて、ごく少数、巴文の瓦で補修している。五七桐を配した丸瓦は、伏見城址や大坂城址でも出土しているが、屋根に葺かれたまま見ることができるのは珍しい。このほか国立博物館西側の大和大路に面した石垣は、もとの方広寺の石垣で、用いられている巨石が大坂城の石垣の巨石に匹敵することは名高い。方広寺を偲ぶことのできる歴史遺産である。

安国寺恵瓊と東福寺

秀吉の死後に東福寺が徳川幕府から難問をふきかけられた原因はもう一つある。それは文英清韓より数代前に東福寺の住持をつとめたのが遥甫《ようほ》恵瓊《えけい》だったことである。安芸（広島県）出身のこの人物の通称は安国寺《あんこくじ》恵瓊として知られ、その能力が秀吉に認められ、いつしか秀吉直属の家臣となった。

関ヶ原の合戦では毛利側として西軍につき、敗れたのち石田三成とともに六条河原で斬首された。その首はひそかに建仁寺に葬られたという。東福寺の塔頭普門院には、古雅をおびた三つの位牌が伝えられ、両面に多くの武士の名を記している。関ヶ原の合戦で死んだ武士と三周忌に殉死した者たちと伝え、おそらく恵瓊の家来たちであろう。恵瓊の三周忌になお殉死した者がいたということから、恵瓊の人柄の一端がしのべる。

恵瓊は学問にもすぐれていたようで、家康は恵瓊から多数の書籍を没収している。それにしてもどうして恵瓊のような人物を東福寺が生みだしたのだろう。禅僧といえば修行にあけくれる人を連想するのだが、恵瓊には早くから武将の側面があった。まるで延暦寺の僧兵の隊長をみるおもいがする。

秀吉の墓と豊国《とよくに》神社

秀吉は阿弥陀ケ峰に墓を作ることを遺言したようである。いままでに述べた東福寺との関係でいってもそれは事実とみてよかろう。阿弥陀ケ峰は東山三十六峰《ひがしやまさんじゅうろっぽう》の一つで、東福寺の北北東にあたり、いずれ述べる古くからの広大な葬地である鳥辺山《とりべやま》（野）の一画でもある。鳥辺山は鳥部山とも鳥戸山とも書くことがある。

阿弥陀ケ峰のすぐ南西に総山という土地があるけれども、もとは葬山だったとみられていて、ここも鳥辺山に含まれていたのであろう。総山に接して天皇家の陵墓の多い泉涌寺《せんにゅうじ》があるのも鳥辺山の最南端にふさわしいとぼくはみている。

泉涌寺は三の橋川上流の右岸にあって東福寺とも至近の地にある。泉涌寺の境内や周辺には仁治三年（一二四二）に亡くなった四条天皇の月輪《つきのわ》陵にはじまり、明治天皇の父である孝明天皇の後《のちの》月輪東山陵にいたるまで二五の天皇陵や五つの灰塚がある。孝明陵以外の陵はいずれも古代の天皇陵のように広大な土地を占有する墓ではなく、四条天皇陵を例にとると九重の石塔があるだけである。

このように阿弥陀ケ峰は、天皇陵の集中する土地に近く、また九条家の代々の墓のある東福寺にも近いことが、秀吉が墓を選んだことの理由だろうとみてよかろう。

阿弥陀ケ峰は、秀吉が存命中から造営をはじめかけていた方広寺の東方でもある。秀吉の死後に作られた墓を含む廟は、今日、智積院《ちしゃくいん》や妙法院がある地とその背後の山腹から山頂におよぶ広大な土地だったと推定される。

この廟は後陽成天皇から「豊国乃大明神」の神号と正一位の神階をあたえられた。豊国というのは秀吉を日本の古名である豊葦原中津国の統一者とみなして名付けられたのであろう。廟の境内には五六基の燈籠があって、油を商う大山崎の神人《じにん》が毎夜油を献じて火をともしていたという。最近流行のライトアップと同じで、洛中洛外の人びとの人気を集めたという。

秀吉の七回忌には盛大な臨時の祭礼がおこなわれ、見物人は五条橋や三条橋のあたりから立錐の余地もないほどの人出だったと伝える。このときの様子は「豊国祭礼屏風」（豊国神社蔵）や「豊国臨時祭礼図屏風」（徳川黎明会蔵）にうかがうことができる。

豊臣家の滅亡後、幕府は豊国大明神の破却を決め、豊国社として方広寺の隣接地に移し、その鎮守にした。秀吉の墓もなくされ、人びとが登れないように登口に廃絶していた新日吉《いまひえ》神社（現在、新日吉神宮）を再建した。

今日では阿弥陀ケ峰には五百段の石段を登ると大きな五輪の石塔があって秀吉の墓になっている。これは明治維新後に秀吉の功績が評価され全国の有志の寄付によって新造されたもので、本来の秀吉の墓ではない。また方広寺の境内の一部をさいて豊国神社の再興もおこなわれ、今日にいたっている。

太閤塀と五三桐の丸瓦

伏見城から移した建物

豊国神社の再興のさい、秀吉を偲ぶ意図もあって南禅寺の金地院《こんちいん》に移築されていた伏見城の唐門を移築して豊国神社の中門とした。屋根は桧皮葺《ひわだぶき》で前後が唐破風《からはふ》、両側面が入母屋《いりもや》造りの四脚門で堂々とした建物である。伏見城にあったときも、重要な場所にあった門とみてよかろう。

伏見城の建物は、この例のように幸い各地にのこされている。さきに述べた御香宮の表門もそうだったし、京都市内では西本願寺の唐門や醍醐三宝院の唐門がある。このほか琵琶湖に浮ぶ竹生《ちくぶ》島にある都久布須麻《ちくぶしま》神社の本殿もそうである。数年前に見学し、豪華絢爛な装飾に驚嘆したことがある。この神社に隣接している宝厳寺の唐門も伏見城から移したものと伝えている。

南禅寺の金地院《こんちいん》は、唐門を豊国神社にゆずったけれども伏見城から移した建物を方丈にしているし、秀吉夫人のねね（おね・北政所）が晩年を暮らした高台寺の表門・観月台・傘亭・時雨《しぐれ》亭はともに伏見城の遺構である。高台寺は東山の山麓にあって、裏山に京都市内では珍しい八坂方墳がある。

伏見城から移した建物のなかで異色なのは上京区七本松通出水《でみず》下ル三番町の観音寺の門で、これは伏見城の牢門を移したと伝えている。この門前で百叩きの刑がおこなわれたことに因《ちな》んで百叩門ともいうし、門のくぐり戸が風で開くとき人の泣声にも聞こえるので、出水七不思議の一つに数えられている。このように伏見城の建物を見てまわるのも、目的をもった歴史の旅として楽しいことだろう。

7章　法住寺と後白河法皇陵

平安時代に藤原家が造営をおこなった寺の一つとして藤原為光の法住寺があることは前にふれた。広大な寺域の寺だったようだが、長元五年（一〇三二）に失火で全焼したあとは再建された様子はなく、今日地上にのこるものは何一つない。しかし法住寺の地名はのこった。

法住寺殿と『梁塵秘抄』

後白河上皇（法皇）の法住寺殿は『平家物語』をはじめ多くの史書によくでている。法住寺殿とは後白河上皇がこの地で院政をおこなうとともに、死後には自分の墓地をこの地に営み、供養もおこなえるという複合した目的をもってこしらえた政治と仏教の施設群であって、一言で的確にいいあらわせる言葉を見出せない。よく〝後白河上皇の御所〟と記しているが、御所だけでは説明が不充分で、三十三間堂の俗称で知られている蓮華王院もその一部だったのである。

後白河上皇は天皇時代におこった保元の乱や、上皇になったばかりにおこった平治の乱をきりぬけるためたいへんな苦労を重ねた。平清盛や源義経を扱ったテレビの大河ドラマでは、一貫した政策にかけた小手先の政略をろうする人という印象をうけるように描かれていた。たしかに

〝日本国第一の大天狗〟(源頼朝の言葉)の一面はあっただろうが、やむをえない情勢への対応を強いられたということを理解する必要はある。

源頼朝といっても、最初は平治の乱に敗れ、命を助けられた伊豆への流人にすぎなかった。木曽義仲や源義経にしても、どこまで成功するかは誰にも予測のできない突然におどりでた武者にすぎない。上皇として朝廷側を代表して彼らと対応せざるをえない立場にあったのだから、一貫した方針がとれるはずはなかった。

ぼくは政治家としての後白河はさておき、庶民のあいだに流行していた今様《いまよう》にひかれた人物として関心をもっている。

平安時代の天皇といえば、『古今和歌集』をつくることを命じた醍醐天皇や八番めの勅撰和歌集としての『新古今和歌集』をつくらせた後鳥羽上皇のように伝統的に和歌を重視し、勅撰和歌集の編纂を使命のように考えた。

『万葉集』のなかにも、滑稽でしかも奇知に富んだ作品は散見されたが、『古今和歌集』以下の勅撰和歌集ではそれらを遠ざける方針があったようである。

このような時代の流れからみると、後白河が当世風の歌謡に強くひかれたことは、庶民の説話を集めた『今昔物語』の著者と相通じる人間らしさを感じる。

後白河は青年のころから今様を好み、一五夜にわたって今様合《あわせ》(歌会)をおこなったことがあるという。それは法住寺殿でおこなわれたのである。おそらく法住寺殿は今様を集めるセンターでもあったのであろう。

これらの今様を集めたのが『梁塵秘抄《りょうじんひしょう》』である。建物の梁《はり》のうえに積もったチリは普段は見えない。それを秘かに集めたというのは大胆なことにおもえる。ぼくは『新古今和歌集』の和歌より『梁塵秘抄』の歌謡のほうに親近感がわいてくる。残念なのは、今日伝えられているのは『梁塵秘抄』のごく一部だということ、それとどんな節まわしで口ずさまれていたのか音は失われ歌詞だけがのこったことである。

　遊びをせんとや生れけむ
　戯れせんとや生れけむ
　遊ぶ子供の声聞けば
　我が身さへこそゆるがるれ

子供たちの遊ぶという言葉のひびきと、大人たちの遊びや戯れの言葉の違いを知って、現在のわが身を考えたときの心の動揺をよんだものだろうか。遊女の歌とする解釈もあるようだがそうかもしれない。遊女にとっての「遊び」は生活の糧をうる手段で、よごれがつきまとう。それにしても法住寺殿では、このような歌詞に節をつけて歌われたのであろう。テレビでの悪役ぶりとは違って後白河に親しさを感じだした。もう一つ紹介する。

　わが子は十余に成りぬらん　巫《かんなぎ》してこそ歩くなれ　田子の浦に汐汲むと　いかに海人《あま》集ふらん　まさしとて　問ひみ問はずみなぶるらん　いとをしや

巫女をして流浪の旅をつづける十余になったわが子が、（駿河の）田子の浦へ行くと製塩にいそしむ海人たちが集っているだろう。そんな場所へでかけるのだろうか。「まさし」は占いがよく当ること、それをいろいろいって海人たちはなぶりものにしている。いとほしいなあ、の意味であろうか。製塩をしている海人たちは、巫女に金をやる多少の余裕があるとする前提での歌謡か。また若い巫女が春を売ることがあったのかどうか、歌の背景はさまざまに考えられる。

法住寺殿の核としての法住寺陵

後白河上皇の法住寺殿は永暦二年（一一六一）に、ある公家の邸宅を移したのが造営の始まりで、それ以来つぎつぎに建物がつくられ、十余町におよぶ広大な範囲となった。細かくみると、南殿、北殿、西殿、蓮華王院、最勝光院があって、新熊野《いま》神社や新日吉神社も法住寺殿の鎮守として役割を果たしていた。

御所としての機能の中心は南殿にあった。『古今著聞集』に、後白河が作らせたとされている『年中行事絵巻』を参考にすると寝殿造の建物が配置されていたと推定される。南殿の南には広大な苑池が掘られていた。この池は今日ではすっかり姿を消しているが、新熊野神社の西方にあったとみられ、池田町の地名をのこしている。現在ではここに大谷高等学校があって、その建設以前には池の面影がのこっていたと伝えられている。

すでにふれたことだが、法住寺殿は後白河上皇が自らの葬地とすることをも考えたうえでの施設群であるから、法住寺殿の核として陵域があることを見落としてはいけない。

古代の中国には陵邑《りょうゆう》といって皇帝陵を核とした計画的なマチの営まれた例がある。マチは小都市といってもよい。このように考えると法住寺殿には陵邑に似た点がある。

後白河は生前から法住寺殿の中央部に陵を営む場所として法華堂を設け、建久三年（一一九二）に死ぬとともに法華堂の地下に石室をつくって棺を納め、法住寺陵とよぶことになった。くどいようだが法住寺殿と後白河の陵とは一体のものである。従来作られた法住寺殿の推定位置図のなかには、陵のことを無視したものがあるのでこのことは強調しておこう。

今日も蓮華王院の東側に法住寺という寺がある。昔の法住寺とどのような関係があるかはぼくにはわからない。後白河の陵へは、この寺の北側から狭い路を通って入るのだが、土曜と日曜は入口の鉄扉が閉ざされている。

久しぶりに後白河陵へ行ってみた。法住寺の入口には「今様歌合せ」を近くおこなう予告の貼紙があった。その機会に後白河上皇の木像も開扉されるという。この像は後に述べる後白河陵の法華堂に安置されている木像を模刻したものという。

法住寺北側にある通路を行くと間もなく後白河陵の拝所のある広場についた。ここから眺めると御陵のある法華堂も見える。残念なことに幕末の修陵のさい新設された門が邪魔して法華堂の全容は見えない。それでも簡素な切妻造の瓦葺建物であることはわかる。江戸時代初期の建物とみられているが、後白河時代からの法華堂の規模や構造を踏襲しているのであろう。

後白河の女御《にょうご》に平清盛の妻の妹の滋子がいた。建春門院といって、彼女も法住寺殿の南西部に最勝光院を建てた。この寺も火災で失われ現存しない。

建春門院は一一七六年に死んだ。後白河はこの年に出家して法皇になっている。上皇は自らの陵の予定地だった法華堂を滋子の墓とし、自分の墓はその南に隣接して別の法華堂をつくった。

このように法住寺の陵域には南に後白河を葬る法華堂があり、北に建春門院の墓があったのだが、さらにその北にもう一基の墓がある。それは一九七八年にパークホテル（現在はハイアット

法住寺と今様歌合せの案内

リージェンシーホテル）の建設にさいしての発掘で発見されたのである。
　この墓は、方形に掘った墓穴（壙）の底に大鎧五領などの豪華な武具を副葬し、その上に棺を置いていて〝武将の墓〟として有名になった。このときの発掘報告書である『法住寺殿跡』（古代学協会刊行）では、この墓の被葬者を一一八三年の木曽義仲による法住寺合戦で死んだ伯耆守源光長と推定している。

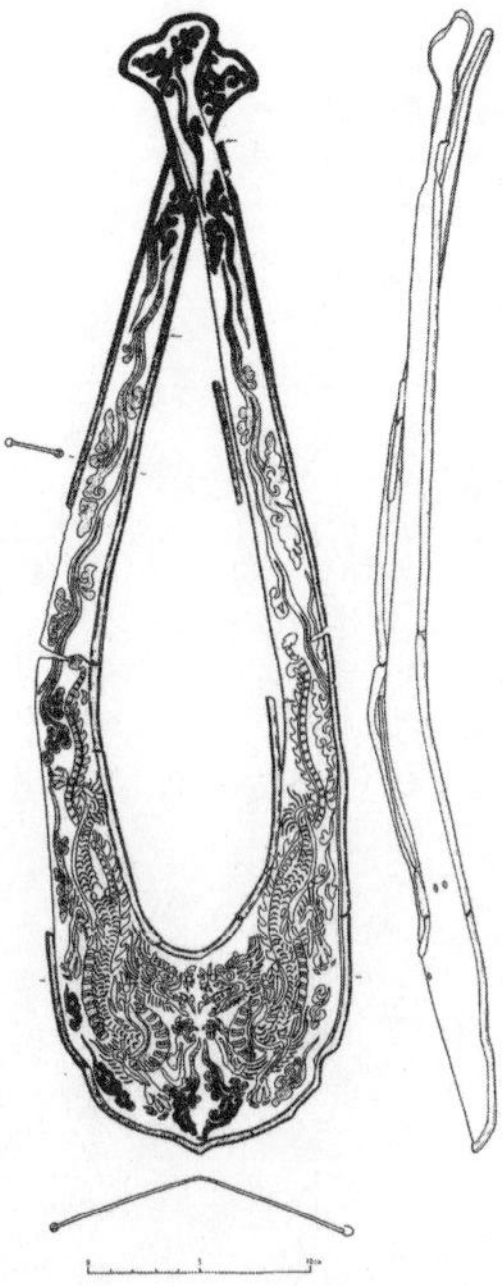

法住寺古墓出土の武将の鍬形
（『法住寺殿跡』（財）古代学協会）

　ぼくは別の人物の埋葬を考えている。理由は埋葬個所が法住寺陵の陵域内もしくは至近の地にあって、後白河との血縁関係がある人とみたほうがよいこと、もう一つの理由は法住寺合戦で死んだ上皇側の武将は多数いて源光長だけの埋葬を想定しにくいのである。

法住寺合戦では、天台座主《ざす》明雲大僧正と寺の長吏円恵法親王も戦にまきこまれ、「御馬より射落とされ、御頸とられさせ給ひけり」(『平家物語』巻第八)の状況だった。あまつさえ二人の頸も上皇側の戦死者六三〇余人の頸《くび》とともに六条川原にかけ並べられた。「これを見る人、涙を流さずという事なし」と『平家物語』は伝えている。

これらの戦死者のうち、円恵法親王は後白河の第五皇子であり、近江の園城寺の長吏(長官)をしていた。僧籍にある者が戦に加わる場合、先ほどの「御馬より射落とされ」の状況からうかがえるように甲冑姿だったとぼくはみている。

このように考えると〝武将の墓〟の主は源光長とするより後白河の皇子の円慶法親王とするほうが説明はつけやすい。それにしても副葬されていた甲冑、とくに金象嵌の雲龍文で飾った冑の鍬形《くわがた》は平安時代後期の代表的な武具の遺品となった。以上の推理にたつと、広義の法住寺陵は、後白河上皇(出家したあとは法皇)、妻の建春門院、息子の円恵法親王を同じ陵域内に規則正しく配置していることがわかる。その推定陵域は、南北に細長い長方形である。このことは先で述べる三十三間堂の平面形に平行していたことになり、その堂と陵との関係の深さが推察できる。

法華堂と後白河法皇の木像

後白河法皇は法華堂の地下に埋葬された。法華堂は法華三昧《さんまい》堂のことで、天台宗の寺院でつくられた。法華経の真髄を体得するための修行をする堂である。

法華堂を天皇陵に用いることは、後白河が上皇をしていたころの二条天皇陵に始まり、鎌倉時

法住寺(後白河)陵と法華堂の屋根をのぞむ

代にかけて盛んにおこなわれた。現在の法華堂は江戸時代に建てられたものだが、多くの古材を使っていることは注目される。

幕末に朝廷側の力が強まってきたとき、幕府は対朝廷対策として天皇陵の修築を全国的に展開した。いわゆる文久の修陵である。修陵といってもたんなる遺跡の整備ではなく、世間にたいして幕府がいかに朝廷側を尊重しているかを視覚的にわからせる政策であったから、前方後円墳の場合は回りに水をたたえた濠をめぐらせるなど余分の手が加えられた。

ぼくが感心するのは、このときの修陵の様子が『山陵図』という絵巻物としてのこされていることである。これには工事前の状況を「荒蕪図《こうぶず》」に描き、工事後のできあがった様子を「成功図《じょうこうず》」に示していて、前方後円墳の場合は原形を知る手がかりをあたえてくれている。これについては『巨大古墳』(講談社学術文庫)で述べたことがある。

まえに仁明天皇の深草陵にふれた。『文久の山陵図』では、最初はゆるやかな傾斜面に段々になった水田があり、遠くに人家があるだけの風景だった。ところが「成功図」では、三方の水田が方形に区画され、低平な墳丘がつくられ、周囲に濠ができた。濠外には石垣で固めた土堤を作り、柵をし南に鳥居を配した。ここでは遺跡の修復ではなく、何も無い土地に陵を新たに設けたのである。陵の信憑性がいわれるのは、古墳時代の天皇陵だけではなく平安時代の陵墓でも今日治定の陵墓でよいかどうかに問題がある。なお文久の修陵事業では、奇妙なことに桓武陵については探索の対象にはなっていない。歴史の節目にあたる天皇だけにぼくには奇妙なことに思える。

『文久の山陵図』の「荒蕪図」と「成功図」では同一の法華堂が描かれていて、文久以前から後白河陵として守られていたことがわかる。元の陵域の区画の名残とおもえる土塀がめぐっており、工事後は法華堂のすぐ周囲にも内側の塀と門が設けられた。

この法華堂の内部には厨子《ずし》がおさめられ、後白河の等身大の木像が安置されている。ぼくは写真を見ただけだが、鎌倉時代の肖像として代表作といってよかろう。この木像については宮内庁刊行の『書陵部紀要』第二〇号に「後白河天皇法住寺陵の御像に関する調査報告」が掲載され、のち『書陵部紀要所収陵墓関係論文集』（学生社）に再録されているのでそれを参考にしてほしい。なおこの木像の復刻は、現在の法住寺にも祠られていて、毎年日を選んで開帳されている。

後白河法皇の木像は、袈裟をかけ指貫《さしぬき》をはき素足を出して座り、右手に数珠、左手に経巻をもち、僧籍に入ったときの姿とみてよかろう。

顔つきは気品にあふれ、テレビドラマで俳優が演じた後白河とはほど遠い。日本には僧の肖像

後白河陵の法華堂に安置する法皇の木像
(『書陵部紀要所収陵墓関係論文集』宮内庁書陵部陵墓課編)

を含め武将の肖像などに名品が多い。この木像も肖像の傑作といってよい。宮内庁もこの木像の公開を考えてもよいとおもう。

この木造の首部には、応長元年六月一三日と記した画像が納められている。応長元年は一三一一年で、上皇の死より一二〇年後にあたり、この木像も鎌倉後期の製作とみられている。

この上皇の画像とともに女性が書いたとみられる仮名書の願文があった。後白河の娘の願文と推定されている。ぼくは彫刻や絵画を詳しく勉強したことはないが、後白河の木像の年代の割出しが体内の納入物からおこなわれているのは研究方法からみてどうだろうか。納入物は木像を作ったときのものもあれば、後になって納めることもできる。古墳の埋納物にも、埋葬時のものもあるし、後に追納したことのあるのは、奈良県斑鳩町の藤ノ木古墳の横穴式石室の一括遺物でもよく知られている。このことから納入

新熊野神社の熊野の砂

品の年代は別にして、木像の年代を検討し直す必要があるようにおもう。いずれにしても無人の法華堂に安置しておいてよいものかどうか。高松塚古墳の壁画の無残な運命をみても、保存の見地から考える余地があるだろう。

新熊野神社と樟の老樹

後白河陵のすぐ南に新熊野神社がある。新熊野で「いまくまの」とよぶのだが、現在の地名としては今熊野商店街のような表記になる。

大学に勤めていたころ、毎朝、東福寺でバスに乗り、新熊野神社の東側を通り後白河陵の土塀を見たものである。だが新熊野神社へはずっと前に一度訪れただけだった。考えてみると法住寺殿の南、別のいい方では後白河陵の南に熊野社を配していることに、後白河の思想があらわれていると考え境内を散策してみた。

熊野信仰は平安時代後期から盛んになり、京都の天皇や貴族がしばしば熊野詣をした。後白河も三四回も熊野詣をした。熊野三山のなかでも、とくに熊野速玉《はやたま》神社は阿弥陀の浄土とする信仰があったし、三、四世紀から信仰の対象となった蓬莱山もある。

熊野詣は天皇や貴族だけでなく、庶民の間にもひろがり中世末から近世初頭に流行した「説経節」の小栗判官の苦難の旅でも最終的には熊野で運命を逆転させている。

新熊野は法住寺合戦にさいしても木曽義仲に属した樋口兼光が搦手《からめて》を固め、そこから御所を攻め勝利をおさめている。

東大路に面して新熊野神社の鳥居がある。境内に入るとすぐ南側に樟の大木が聳えている。京都ではあまり見かけない大木で老樹といってよい。ことによると後白河のころに、熊野の風土を模して移植したものかも知れない。また本殿の東側に椥《なぎ》が植えられている。新熊野神社の所在地を今熊野椥ノ森町ということから、暖地の植生を人為的に移した名残かもしれない。

注意をひいたのは、本殿の前に「熊野の砂」が円錐状に盛られていた。江戸時代の地誌である『雍州府志』の新熊野神社の項には、〝那智の土沙をもってこの地を築く〟とあり、さらにこの地を掘れば〝紀州の海浜にある青石がでる〟とも書いている。

新熊野神社の建設にさいして、どれほどの土砂や石を熊野から運んだかは不明だが、熊野の地を法住寺殿の南にこしらえる意図があったとみてよかろう。

三十三間堂と法住寺陵

すでに述べたように三十三間堂の名で知られている蓮華王院は、法住寺殿のなかでの重要部分である。三十三間堂というように堂は南北に細長いけれども、それは堂の内陣の柱間《はしらま》が三十三あることによってであって距離からきた言葉ではない。

長寛二年（一一六四）に後白河上皇の勅願によって現在地に千手観音の御堂が建立されることになり、平清盛が「ウケ玉ハリテ備前国ニテ造リテマイラセケレバ」と慈円の『愚管抄』は述べている。ということは平清盛が備前守に任じられ、その国からの収入を造寺にあてたということ

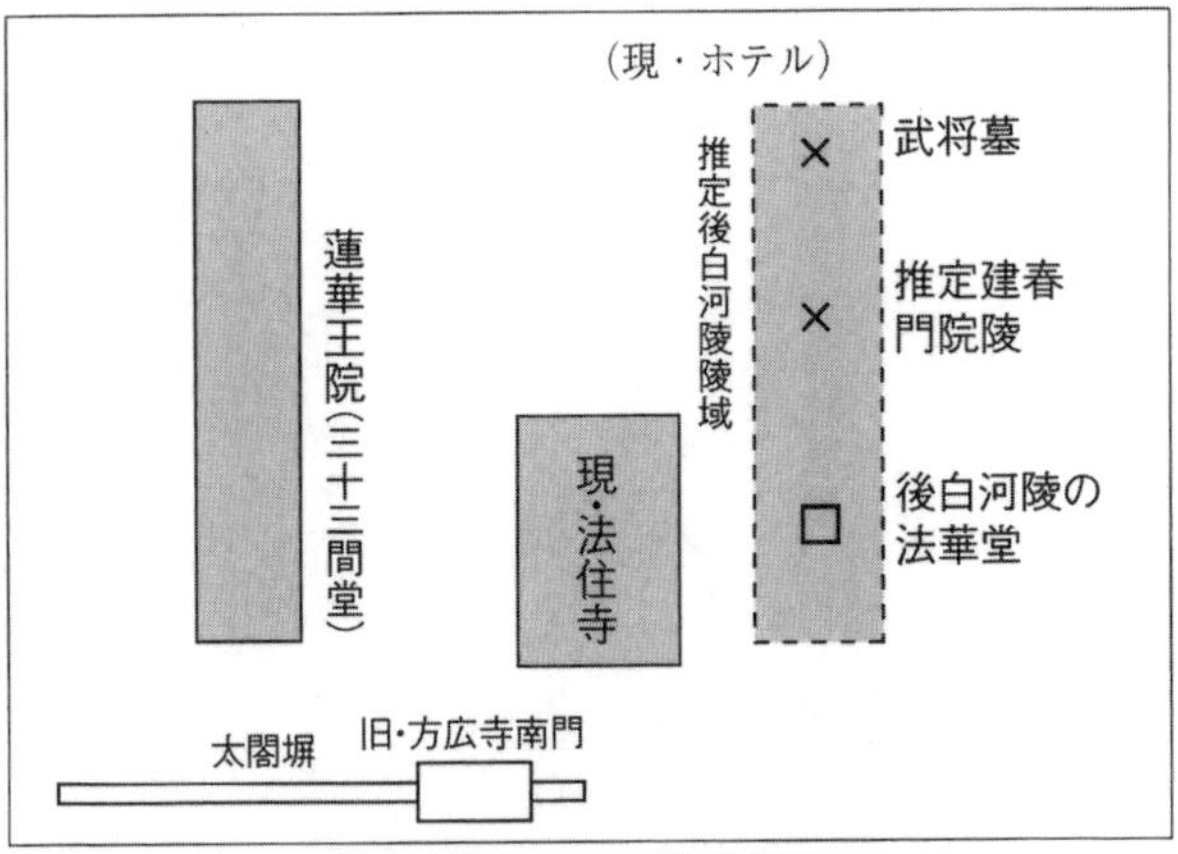

法住寺陵と三十三間堂関係図

である。

この堂は法住寺千体観音堂ともよばれるように中央に丈六の千手観音坐像を安置し、左右に各々五百体の千手観音立像を立て並べ、その前方(東)に婆藪仙人像を含む二十八部衆の像が立ち、その北端に雷神像、南端に風神像が立つ。のちに述べる建仁寺にある俵屋宗達の「風神雷神図」に影響をあたえたとおもわれる。室内にたたずむとぼくのように無宗教の者でもえもいえない荘厳さにひたることができる。こういう経験は、法隆寺の金堂と三十三間堂での印象が強く、そのような仏像は文化財ではなく信仰財であることをあらためて知った。

この堂は木曽義仲の法住寺合戦にも焼けのこったが、建長元年(一二四九)に火災で焼失し文永三年(一二六六)に再建され、今日にいたっている。方広寺に取りこまれたこともあったが、二十一世紀まで存続した。

建長元年の火災のさいにも百数十体の仏像は堂外に運び出せたと記録されており、美術史の作風からみても少なくとも一二四体は清盛の奉納したもの、のこりは再建時の製作である。

法住寺陵、つまり後白河陵はこれら千一体の観音に見守られている位置にある。堂内ではすべての観音像が東面していてその感を強めている。そのような意味で、三十三間堂は法住寺陵にとって墓辺寺《ぼへんじ》の性格をもつとみられ、後白河が死後に託した意図がよく受け伝えられているといってよかろう。三十三間堂を見学する人は、その足ですぐ東方にある後白河陵にでむいてほしい。それが歴史を足元からさぐることになるだろう。

二〇〇七年三月三日にもう一度雷神と風神を見たくなって訪れた。この日はお雛祭の日で寺では春桃会《しゅんとうえ》が営まれていて、無料開放の日ということもあって堂内はラッシュ時の車内のような込みようだった。中尊の千手観音像の前には雛人形が飾られていて微笑ましい風景だった。それにしても後白河法皇は今日なおこれらの観音像に見守られつづけている。

8章　六波羅蜜寺

豊国神社から大和大路を北進すると、六波羅《ろくはら》につく。ここには六波羅蜜寺《みつじ》があってぼくはよく訪れる。六波羅とは六原とも書き、愛宕《おたぎ》郡の主邑である愛宕郷があった地と推定される。

六原と六波羅蜜寺

六原の東方は鳥辺《とりべ》郷である。そのなかの鳥辺野や鳥辺山は平安京で暮す人びとの葬地という印象が強くもたれている。

『徒然草』にも「鳥部山の烟立ちさらでのみ住みはつるならひならば」（第七段）とあるのは、中世に鳥部山で死者を火葬することが日常的におこなわれていた状況を述べたものとみられる。秀吉の墓のある阿弥陀ケ峰も鳥辺山に含まれるのだが、その東方に隣接した山中に、いまも旭山火葬場（中央斎場）があってぼくの母の火葬もここでおこなった。つまり古代以来の鳥辺山の伝統が脈々とうけつがれている。

このように鳥辺郷で古代からずっと人びとの遺体の処理や埋葬がおこなわれたことは事実だが、それを鳥辺郷の大きな特色とみ、その地を人のあまり暮さない荒涼とした〝亡霊の原野〟（毛利久『六波羅蜜寺』昭和三九年）とまで極言されることがある。ぼくはそうではなく日常生活の場でもあったとみている。

承和九年（八四二）一〇月一四日、政府は左右の京職と東西の悲田院に勅をだして「嶋田と鴨河原の髑髏《どくろ》五千五百余頭を焼き斂《おさ》めさせた」（『続日本後紀』）。悲田院は貧窮者や病人を救済する施設で、文中の嶋田は右京にあったと推定される。しかし勅の主要な対象は鴨の川原だったとみてよく、同じ月の二三日には太政官がのりだし鴨川の髑髏《どくろ》を聚《あつ》め葬っている。

この記事によって、平安京の東の端（京極《きょうごく》といっている）の外側を流れる鴨川の川原が庶民にとっての格好の死者の遺棄場所になっていたことがわかる。

六波羅は鴨川東岸の川原をも含んでいて、洪水で寺の西門が倒れたこともある。安貞二年（一二二八）である。つまり、いまよりも川の氾濫原はもっと広がっていたのである。のちに述べるように平安京から六波羅蜜寺や清水寺に詣でるために五条橋（今日の松原橋の位置にあった）が架けられていて、平安京から人びとが往来するのに便利であった。

ぼくの推測にすぎないが、さきほどあげた一〇世紀の状況をみると〝ロクハラ〟とは髑髏《どくろ》原《はら》からでた地名ではなかろうか。鳥辺山の山麓だから麓原とみたり、傘を開閉する部品を作る轆轤《ろくろ》職人のいた土地とみる説もあるけれども、五千余頭のドクロの散乱する光景はドクロ原の地名を生みだし、ロク原に変化したとみてもおかしくはないとぼくはみる。

空也の肖像彫刻

六波羅蜜寺は地名の六原と仏教用語の波羅蜜を合わせた寺名とみられ六波羅の寺ともよばれた。あるいは六波羅蜜を修行の六種の徳目とみることもできる。ぼくがこの寺の名を知ったのはかなり古く、雑誌『芸術新潮』が一九八三年に四〇〇号の特集にした「日本の百宝」を選ぶときにいれたのが「空也上人像《くうや》」と「平清盛像」だった。一つの寺から二つの名宝を選んだのだから、初めて拝観したときの印象がよほど強烈だったのであろう。

空也は一〇世紀に実在した僧である。醍醐天皇の皇子という説が根強くあったが、出生のことはよくわからない。さきほど空也の肖像彫刻を〝空也上人像〟としたけれども、空也は阿弥陀聖《ひじり》とか市の聖（市聖）とかよばれ、自らは生涯を沙弥《さみ》であることを誇りにした人物である。沙弥とは修行未熟の僧のこと。空也のことを書いてみると、上人はどこかなじまないので、以下空也と書く。ところで聖は「日（火）知り」から生まれた言葉で、仏教の修行もおこなったけれども伝統的な日本の信仰をも加味した宗教者である。

空也より少しあとに藤原道長らの貴族の信頼を集めた僧に行円《ぎょうえん》がいて、皮聖《かわのひじり》とか皮仙とよばれた。夏にも鹿皮の衣を着ていたと伝えられ、行円が建立した行願寺を革堂《こうどう》とよぶのは行円が鹿皮の衣を着ていたことからついたといわれている。比叡山横川《よかわ》で修行した山の聖であった。『梁塵秘抄』にも「聖の好むもの、木の節、鹿角、鹿の皮（以下略、［三〇九］）」とあって、皮聖の意味がわかる。

若いころのぼくが畏敬の念で拝観した空也の肖像彫刻とは、裾の短い鹿皮の衣をまとい、左手には鹿角を先につけた長い杖をついている。この杖の表面には藤などのツルがまきついてできたような凹凸がたくさんあって、これが「木の節」のことであろうか。空也が鹿角を着装した杖をもっているというだけではなく、杖に使った棒が節のついた普通は使わない棒であることも見落としてはならない。

首からかけた金鼓《ごんぐ》（寺では「ごんぐ」といっている。鉦）を右手に持った撞木《しゅもく》で打つ瞬間をあらわし、口で唱える南無阿弥陀仏の念仏を造形するため口先から六個の小さな仏がはきだされるという奇想天外な工夫をこらしている。素足に草鞋をはき、修行で無駄な肉を落としきった遊行中の姿を表現している。この像の体内には銘記があって、仏師運慶の四男といわれる康勝の作とみられ、鎌倉時代の仏師の自由奔放な制作活動がうかがえる。

遊行をする空也の像
（六波羅蜜寺蔵・写真提供）

空也は市聖《いちのひじり》ともよばれた。鹿皮の衣を着たり鹿角をつけた杖をもつなどは山の聖といってもよいのだが、市聖とよばれたのは主な活動の場が庶民の集まる市だったことからついたといわれている。平安京には東市《ひがしのいち》と西市《にしのいち》があったが、このうち賑っていたのは東市で空也が念仏をひろめる布教の場としたのも東市だった。

東市と西市は平安京の中央にある朱雀大路をはさんだ東西の七条通りにあった。東市はいまの西本願寺付近で五条橋を通ると六波羅までの往来はたやすくおこなえたのだろう。東市の跡も、いまではすっかり人家が建ち並んでいるが、東市にともなった市比売《いちひめ》神社はのこっている。宗像三女神を祠っていて、商売繁盛の神として信仰を集めている。まえに平安時代末ごろの赤子をだく女神の像が公開されたことがある。ただし現在の神社の位置は本来の土地から東へ移っている。

鴨川での大供養

天暦五年（九五一）に都で悪病が大流行し多数の死者がでた。それを鎮めるため空也は身の丈《たけ》一丈の観世音菩薩像を作ることを発願し、十一面観世音立像を本尊として六波羅に伽藍の建立をはじめた。六波羅蜜寺の前身の西光寺である。

これより早く空也は金字の大般若経六百巻の書写を始めていたが、応和三年（九六三）に完成した。そこで鴨川のほとりの仏殿で大がかりな供養をおこない、そのさい経巻を飾り舟にのせて鴨川に浮かべ人びとに公開した。これは布教のための一大イベントであるとともに、「荒原古今之骨、東岱之魂」の鎮撫をかねていた。東岱《とうたい》は東山、鳥辺山の死霊のことであろう。以上は空也のために作った三善道統《みちむね》の「為空也上人供養金字大般若経願文」によって知ることができる（『本朝文粋《もんずい》』所収）。

このように六波羅蜜寺の創建も、この地に散乱していた人骨とさまよいつづけていた死霊の鎮撫に深く関係していたのをぼくは見逃せない。六波羅蜜寺に伝わる彫刻の一つに閻魔《えんま》王坐像がある。エンマは冥界で亡者の罪業を裁く十王のうちの一人で、平安時代後期から地蔵信仰の一環として盛んに製作された。この寺には地蔵菩薩の坐像や立像も伝わっていて、それらが本来どのように祠られ、さらに当時の布教でどのような役割をもっていたかも調べる必要がある。

空也は天禄三年（九七二）に西光寺で死んだ。七〇歳で当時としては長寿だったといってよかろう。西光寺はその五年後に六波羅蜜寺になった。空也が死んだあと一周忌に源為憲《ためのり》が作ったといわれる空也誄《るい》は、空也の一代記としてよく知られている。

閻魔と地蔵菩薩、付するに艹の字

　六波羅蜜寺に閻魔と地蔵菩薩の像がある。空也のころの人びとにとっての閻魔の役割を伝える話がある。

　空也の檀越《だんおつ》（後援者、パトロン）に大納言の藤原師氏《もろうじ》がいた。陸奥国の按察使をしていたことのある人物である。師氏が天禄元年（九七〇）に亡くなり東山の阿《おか》に埋葬されるさい、その棺の前で空也は閻魔にあてた手紙を書いた。師氏が空也の檀越であることを述べ特別の配慮にあずかりたいことなどを認《したた》め、これを僧に読ませたという。

　このように極楽浄土での往生を欣求《ごんぐ》する人びとにとって、閻魔は重要な役割をもって人びとの意識のなかに存在したのである。

　すでに述べたように昔の五条橋（いまの松原橋）で鴨川を渡ったすぐの地に六波羅蜜寺があり、現在はないが昔は西門もあった。

　ここで気づくことがある。それは川を橋で渡ったところによく地蔵菩薩が祠られていることである。いずれ先で述べるが、四条大橋を渡ったところにある仲源寺も、俗に目疾《めやみ》地蔵とよばれるように本尊は地蔵である。

　今回は扱わないが、宇治川の宇治橋を渡った南岸にある橋寺放生院も地蔵菩薩が本尊である。この寺には宇治橋断碑が保存されていて、近くに八世紀ごろの宇治橋碑が建っていた。これについては『古代史おさらい帳』(近刊、筑摩書房)で私見を述べる。

木津川にかかる大橋の北岸にある泉橋寺には露坐の大きな石の地蔵菩薩像がある。奈良時代の僧行基が橋とともに建立した寺である。

『今昔物語』巻十七には地蔵菩薩と閻魔《えんま》、それに六波羅蜜寺に関係した一つの説話を収めている。それを要約しよう。

今は昔、但馬の国司をしたことのある□国挙《くにたか》(源国挙か)が急死し閻魔の庁に召しだされた。多くの罪人のいるなか一人の端厳な小僧がいて手に一巻の文《ふみ》を持って走り廻っている。人に聞くとこの小僧とは地蔵𦬇(菩薩を一字にした略字)の化身だった。そこで国挙はその小僧の前に跪《ひざまず》いて涙を流しながら地蔵の大悲をもって助けてほしいと訴えた。小僧は国挙が生前に栄華にふけり信仰心のなかったことを指弾したが、国挙は重ねて願い助けられ本国へ返ることができたら財を棄てて地蔵に帰依《きえ》することを誓った。

そこで試しに生き返らせることになり、冥官に相談して国挙をよみがえらせた。生き返った国挙は出家して大仏師定朝に願って等身の地蔵𦬇像を造り、法華経をも写し、六波羅蜜寺に安置した。このときの法会に集った道俗男女は皆涙を流して地蔵𦬇の霊験を信じたという。この地蔵𦬇は六波羅の寺に安置され今に語り伝えられているという。

『今昔物語』巻十七にはこのほかにも地蔵菩薩の霊験を語る話が多い。そのさい菩薩を𦬇の略字にしている。畏友の仲村研さんは中世史を専門にして古文書をよく読んだ。あるとき𦬇の字が菩薩の略字で二つの字の冠だけを重ねたものであることを教えてくれた。研さんは若死をしたが、ぼくとは同志社大学に総合科目として「京都の自然と歴史」の講義をこしらえた。今回『今昔物語』を読み直してみると、卄の字が多用されていることを改めて知った。卄のような字も国(倭)字に含められるが、二字を一つの略字にしたものとして水田を一字にした畓も古文書に見かけることがあるし、朝鮮半島の金石文でも見かけたことはある。

泥塔と地蔵信仰

昭和四一年に六波羅蜜寺の本堂が解体修理されることになった。この建物は南北朝の貞治二年(一三六三)から五年にかけての建立である。貞治は北朝の元号、南朝では正平だった。旧京都市内の代表的な古建築である。

この工事にともなって学術調査がおこなわれた。すると須弥壇下から小型の五輪塔形の泥塔《でいとう》約八千基が南北八メートル、東西二メートルの範囲で固まって出土した。鎌倉時代初期の埋納物である。

『今昔物語』巻十七に六波羅蜜寺の地蔵卄についてもう一つの説話が述べられていて、泥塔にも言及している。それを要約しよう。

今は昔、今日の大刀帯町の辺に東国から移住してきた女が住んでいた。この女には善心があって毎月二四日にある六波羅蜜寺の地蔵講に参って信心していた。とうとう地蔵卄を造ることを決心し、仏師に自分の衣類を与えて小さな地蔵を造った。ところが開眼供養をしないうちに女は病気になって死んでしまった。子らが泣き悲しんでいるとなんと女は生き返ってきた。

女は死後のできごとを語った。広い野のなかを行くと道に迷った。すると冠をつけた(閻魔庁の)官人があらわれ女を捕らえ、さらに行くと端正な一人の小僧がいた。小僧がいうには〝この女はわが母である。速に放免すべし〃。これを聞いた官人は一巻の書《ふみ》（文）を取出し〃汝には二つの罪がある。早くその罪を懺悔《ざんげ》せよ。その罪とは男婬（淫、男狂い）である。泥塔を造って供養すべし。二つめの罪は地蔵講にはでていたが、聴き終わらないうちに帰った罪である。これらをよく悔いよ〃といった。さらに小僧は自分を知っているかと問うた。知らないというと汝が造った地蔵菩薩である。だから汝を助けて本国に返すのだといった。

その後（女は）雲林院の僧と相談して泥塔を造り、供養と懺悔や地蔵菩薩の供養を怠らなかったと語り伝えている。

この説話の大刀帯町は六衛府の舎人《とねり》のいた帯刀《たてわき》町と同じかとおもうが不詳。それと文末の雲林院については前にこの寺でおこなわれた菩提講の人気にふれたことはあるが、六波羅蜜寺との関係は不明である。ただ応和三年（九六三）に雲林院塔とよぶ多宝塔が建立され（『扶桑略紀』）、この塔はやがて百塔巡礼の対象になった（中山忠親の日記『山槐記』）。このようなことがあって、造塔のことを雲林院の僧に相談したのであろう。

いま紹介した説話でも、閻魔の庁の官人と小僧の姿をした地蔵菩薩があらわれ、死んだ者にとって最期にすがるのが地蔵菩薩であり、それを助けるのが閻魔であるとの信心を当時の人びとがもっていたことがわかる。

さらに考えると、鴨川のような川を渡るということは三途《さんず》の川を渡ることになぞらえて、六波羅蜜寺のように橋を渡ってすぐの土地に地蔵が祠られたのであろう。いまの町を歩いていると、道ばたに小さな石地蔵が祠られているのをよく見かける。その意味の一端もわかるようである。

石田茂作氏の造塔と土塔の用語

仏教寺院址の研究で知られた考古学者に石田茂作氏がおられた（故人）。石田さんからいただいた年賀状には小さな塔が印刷してあって、その横に墨の字で小さく数字が副えてあった。最初は意味がよくわからなかったが、百万塔供養として実践されているのに気づいた。泥塔を造ることにも、そのような信仰心がこめられていたのであろう。

石田さんはお若いころ（昭和二年）に「土塔について」の論文を『考古学雑誌』第十七巻第六号に発表され、当時知られていた泥塔をアジア的視野で概観された。昭和二年といえばぼくの生まれる前年である。

この頃は遺物としての小型の土製の塔は土塔とよばれていた。それは昭和四〇年ごろまでつづき、泥塔に改められるようになった。

今日ではすっかり有名になったことだが、大阪府堺市には行基が神亀四年（七二七）に民衆の力を集めて土を盛りあげて建立した方形の塔があり、古くから土塔とよばれ、地名も土塔《どとう》（地元では「どおと」）である。

敗戦の前後にこの土塔の周辺が開墾されだしたので、ぼくは何度も観察に行った。昔は土塔の表面を瓦で葺いてあって、その瓦には土塔の建立に合力した男女の名がヘラ描きしてあることがよくあり、開墾で散乱するのでその採集をおこなった。

土塔の探訪については『ぼくは考古学に鍛えられた』（筑摩書房）でも述べたが、ようするにぼくには土塔といえば構築物のことであって、遺物としての小塔を土塔とよぶのには違和感があった。

ぼくも若いころ一度だけ泥塔（そのころは土塔）に遭遇したことがある。奈良市の春日神社の南西の緩やかな山の尾根上に築かれた古墳群である。春日山古墓の名で『奈良県史蹟名勝天然紀念物調査抄報』第三輯で発表しているが、春日野古墳群といったほうが、地形や環境にそくしている。

春日野では敗戦の直後、芋畠に開墾されはじめ古墳群の存在がわかったのである。奈良県の抄報では築造年代を奈良時代としているが、資料を見直すと古墳時代後期でも前半の時期にこしらえられた古墳群であり、発掘された五基はいずれも長方形の小規模な竪穴式石室であり、奈良県では類例の少ない古墳群である。

ぼくは昭和二二年八月二九日に発掘に参加した。すでに土地の高校生たちによって発掘が進められていて、その後始末にかりだされたのだった。ところがその石室（三号墳）内部の西部には泥塔がこの日だけで約三〇個出土した。それは古墳後期の須恵器があった面の上に粘土をのせてその上から大部分が出土した。泥塔はこの日までにも出土していて、抄報では百個余としている。鎌倉時代のものである。

いまからみると、春日野の古墳で出土した土器のなかにも、追納物とみられる平安時代の水瓶《すいびょう》形須恵器も含まれているが、当時は追納のあることは意識されておらず、さきほどのような年代観になった。

三号墳の泥塔はいずれも宝塔形で底に小孔がある。それにしても古墳の石室へ後世に泥塔を追納した理由はわからない。近くにある春日神社の歴史にも関係しそうだから、ここに書き加えた。

それにしても先学は、どうして泥塔の用語を見落としたのだろう。泥塔という語はさきにひいた『今昔物語』の京都の大刀帯町の女の話に二度でているだけでなく、鎌倉幕府が編纂した『吾妻鏡』でも使われている。それは建仁三年（一二〇三）八月二九日に将軍源頼家が病気になったとき、鶴岡《つるがおか》八幡に八万四千基の泥塔を導師のほか二五人の僧に供養させている。

このときの泥塔の詳細は不明だが、おそらく小型の土製品だったと推定される。泥塔を用いる信仰が都からひろまったとすると、承久の乱以前、つまり六波羅探題がおかれるよりまえに鎌倉へ伝わっていたことになる。

ぼくはいま、〝泥塔を用いる信仰が都からひろまったとすると〟という前提で考えを述べた。だがこのような視点だけでは歴史を見る目を曇らせてしまうことがよくある。泥塔についても宮城県の多賀城に付属した多賀城廃寺の講堂跡から、約二千基の宝塔形泥塔が出土している。ただし創建時の多賀城廃寺の建物ではなく、元の講堂の基壇上にできた小規模な堂にともなうもので平安後期と推定される。さきほどの京の大刀帯町の女も東国から移住してきていた。東北を含めて東国は、立派な仏像の数では近畿より劣っても、信仰の点ではひけをとらないことは述べたことがある（『関東学をひらく』朝日新聞社）。

このように泥塔という言葉は平安時代ごろからはよく使われていた。それにしてもどうして土や埴ではなくわざわざ泥の字を使ったのだろう。泥は泥仕合や泥棒などよごれを感じさせる。このことは小さなことながらぼくの宿題になった。

最後に感想を一つ述べる。平安時代に天皇や貴族が建立した七重の塔も五重の塔も一つなら、庶民が手でこねて造る泥塔も一つであって塔を造ったことに変わらない。信仰を天皇や貴族だけで独占することはできなかった。

秘密裏におこなわれた踊躍《ゆやく》念仏

六波羅蜜寺にはいくつもの宗教行事が伝わっている。それを代表するのが本堂でおこなう空也踊躍念仏であって、踊念仏《おどりねんぶつ》といってもよかろう。これは毎年一二月一三日から除夜まで毎日薄暮から執行され、長らく公開されていなかったが、昭和五三年から除夜以外の日は一般の人も参列できる。

代々の住職が口伝《くでん》で継承したもので、鎌倉幕府が念仏踊を危険視して禁止したときも堂内で秘かにおこなわれたと伝え、どこか秘密結社がおこなう行事の雰囲気がただよっている。念仏を唱える人たちは織田信長のころに徹底的に抵抗して弾圧されたことは、一向一揆として知られているが、そのことは古く遡るのである。

ぼくは一九九三年一二月一九日に初めて列席した。開始の時間をお寺に電話で尋ねると〝薄暮からです〟。そこで四時よりかなり早く妻とでかけ、堂内の外陣《げじん》に座った。とても寒い日だった。外陣の中央では香がたかれ、左右にろうそくがともされていた。

普通の寺の本堂の床は、土間でも板敷でもあるいは畳敷でも同じ高さの空間になっているが、この寺の堂内は中央がうんと低くなっていて、この狭いところで踊躍念仏がおこなわれるのである。この空間は舞台の役割をもつのだが、舞台は観衆の目よりも高くなるのが普通であるのにたいして、この寺の一種の舞台は見下ろす低い位置にある。もし誰かが堂外からうかがったとしても行事の進行は隠される。ぼくはこの中央の部分を〝中央窪み舞台〟と仮に自分なりの言葉でよぶことにした。なおその部分も大きく区別すると内陣になるそうである。

内陣の正面の須弥壇《しゅみだん》上には三つの厨子があって、中央の厨子には十一面観音立像を収め、北（正面から見て右）に地蔵菩薩立像があり、南（左）に薬師如来坐像がある。このうち薬師如来像は文献上では由来がわからないけれども、平安後期のみごとな彫刻で、さぞかし由緒のある寺の本尊だったと推定される。現在は収蔵庫で見ることができる。

須弥壇《しゅみだん》の前方、外陣《げじん》との間が仮称中央窪み舞台であって、瓦敷きの一種の土間である。この狭い空間で僧たちは踊躍念仏をおこなうのだが、外陣に座ったぼくからはちょうど僧たちの頭が見下ろせた。

座った導師が一人と歓喜踊躍をおこなう四人の職衆で行事は進む。職衆の打ち鳴らす金鼓が鋭い金属音をだしその音が四人のはく下駄からでる木の音と妙に調和する。導師も職衆も念仏を唱えるが、南無阿弥陀仏をノーボオミトーと変形して発音する。一回の参列ではとても消化しきれなかった。この寺の住職川崎龍性氏が「空也踊躍念仏（かくれ念仏）」として解説されているので、詳しいことの必要な方は参照してほしい（『六波羅蜜寺』淡交社刊）。

ぼくはこの行事の進行にドラマの要素があるのではと感じた。始まってしばらくしたころ導師の大声がひびく。すると踊躍にふけっていた職衆が急に消えてゆく。これは幕府の弾圧の手が入ったことを暗示するのだろう。そのあと再び姿を見せた四人が体力の限りをつくして踊る。もう一つ感じたのは、金鼓のリズムが毎年七月におこなわれる祇園祭の鉾で奏でられるコンチキチンの鉦《かね》の音色に通じそうだ、ということであった。

ぼくはこの行事をまとまった文章にすることはあきらめた。しかしこの興奮の強烈さのため、一二月三〇日にもう一度参列した。この日のノートには、〝もう一度参列〟とあるだけで行事を体得することに努めた。

皇服茶とわが家のオオブク茶

川崎氏の文章によると、踊躍念仏の結願《けちがん》の座で出されるのが皇服茶である。元旦の早朝に汲んだ若水で湯をわかし、茶の葉をいれ八葉の蓮弁のように割った青竹でかきまぜ、前年の六月に寺で漬けこんだ小梅と酢にひたした昆布で作った結び昆布をいれ、参詣者にふるまう（二〇〇七年の元旦は三百円だった）。このことは寺のパンフレットの年中行事にも「正月　初詣　皇服茶授与」と書かれている。空也以来の伝統と寺では伝えている。

子供のころからわが家で正月におこなった仕来《しきた》りにオオブク茶（大福茶。短くオフク茶といっていた）がある。小さな湯呑に漬けた小梅と結び昆布をいれそれに熱い茶をそそぐ。それを家族中がいただくのである。この行事はお屠蘇よりさきにおこなっていた。妻と二人になった正月でもこれはきちんと守っている。オオブク茶は大福茶の字をあてている。ことによると皇服茶ではなかろうか。

茶といえば鎌倉時代の栄西の『喫茶養生記』が名高い。栄西の建立した建仁寺は六波羅蜜寺の少し北にある。栄西はその本の冒頭で「茶也《は》養生之仙薬也。延齢之妙術也」と述べているように当時は長寿の薬として意識されていた。

茶を布教に用いることが空也の時代から始まっていたとすると、それは栄西よりはるか以前とおもう人がいるかも知れない。だが日本での茶の栽培は平安前期にさかのぼる。

弘仁六年（八一五）に嵯峨天皇が近江国の韓崎（唐崎）へ行ったとき、崇福寺と梵天寺の僧が天皇をむかえ茶を煎じて供している。この二つの寺は大津市内にあった大寺である。このことが原因となり、その直後に畿内の国々や、近江、丹波、播磨で茶を植えさせ、毎年献上されるようになった（『日本後紀』）。

弘仁のころは空也が活躍するより一世紀以前であり、空也が布教のために茶を採用することは可能だった。おそらく天皇や貴族、さらには一部の僧が独占していた茶を民衆にもひろめたのであろう。なお昆布は北海道や青森の産物だが、八世紀には蝦夷との交易で都までもたらされていた。昆布をエビスメということがあるのは、夷《えびす》の海草《め》のこと、ただしこれも茶と同じように貴重品だった。小梅のことは宿題にする。わが家の正月の仕来りにも六波羅蜜寺の行事がどこかで影響していたようであり、歴史の緻密さに改めて驚くばかりである。

六波羅蜜寺の皇服茶をいただく人たち

9章　六道珍皇寺と愛宕《おたぎ》郡

六道の辻と珍皇寺

ぼくは一九六六年八月に大阪府の狭山から京都に転居した。その頃は奈良、和歌山、徳島、福井などでの発掘が多かった。しかし寸暇を見つけて、足元から京都の歴史をさぐるため京都の寺社を訪ねることにつとめた。六道珍皇寺《ろくどうちんのうじ》（以下、珍皇寺と略す）へは翌年の八月九日に初めて詣った。この寺は明治以後、六道の二文字をつけて六道珍皇寺を正式名称とし、「ちんこうじ」から「ろくどうちんのうじ」に呼び方を変更している。

その頃のぼくの主要な研究テーマは古墳時代だった。死者を埋葬するための造営物である古墳についてはいろいろな知識をえたが、死者への供養とか死者の魂にたいする古代人の考え方などについては深く知る手がかりはなかった。

珍皇寺でこの日驚いたのは、境内に店がでていてそのなかの数店で高野槇《こうやまき》の青い葉のついた枝を売っていたことである。お盆の期間にこの寺で求める高野槇の枝には、先祖の精霊《しょうりょう》が宿っていると信じ、それを家にもち帰って供養するのだという。

高野槇を寺の境内で売ることは、一〇月二一日の東寺《とうじ》の弘法市《こうぼういち》でも、一軒だけだが見たことがある。

古墳研究にとって高野槇《こうやまき》は重要な対象である。古墳時代前期、とくに近畿地方の大きな古墳では棺の用材がたいてい高野槇である。

珍皇寺で高野槇を売る光景

高野槇の巨木を半截《はんせつ》して刳《くり》抜いた割竹《わりたけ》式木棺である。どうしたわけかこの仕来《しきた》りは四世紀の古墳前期に集中しあとはヒノキが使われた。
高野槇は日本家屋の風呂槽にも用いられるように、堅牢で水漏れしないことでも知られているが、古代人はそれとは別の理由もあって高野槇にこだわったらしい。二〇〇六年八月八日にもお詣りしたけれども、この日も盛んに高野槇は売られていた。古墳前期の高野槇と珍皇寺の高野槇とはともに死者が介在しているが、両者のあいだにどのような関連があるのかは、ぼくにはまだ解けない。
二〇〇六年の八月八日に訪れたとき、体調がすぐれないので寺の近くまでタクシーに行ってもらった。五条通の道の両側では五条坂陶器まつりがおこなわれていて、車の通行がままならない。八月七日から十日のあいだの行事で、珍皇寺への参詣人が、参詣のあと陶器まつりにでかけるそうである。

寺に近づくと長い行列ができている。行列は東門のある南北の通りから北の八坂通りへと続き、さらにつぎの角で南へとのびている。並んでいる人に尋ねると〝お詣りするのです〟。しばらく最後尾に並んでみたがあまり進まない。どうやらお寺へ詣るだけでなく、迎鐘をつく順番を待つ行列らしく、行列を離れて歩いていくと東門から境内へ入れた。この東門は普段は閉まっていて柿町通の南門から入る。

それにしても数百人の人が鐘をつくため何時間も並んでいる。これは根強い信仰が脈々と続いているのである。鐘をつくといって普通の鐘楼で鐘を撞くのとは違って、お堂のなかにある見えない鐘を穴からでている綱を引いて鳴らすのである。

珍皇寺は所在する地名(郡名か郷名か)をとって愛宕寺《おたぎでら》ともいった。さらに鳥部《とりべ》(戸)寺ともいわれた節がある。奈良時代の和同開珎《かいちん》を和銅開宝ともいうように、珎や宝の字を使って珎光寺とも宝皇寺とも書くことがある。『今昔物語』には愛宕寺の鐘の話がでていて、小野篁《たかむら》が作ったとされている。

小野篁は平安前期の公卿で、遣唐副使に任命されたとき、事情があって病気を理由に乗船を拒否し隠岐国に流されたことは有名である。直言を好み自ら持することが高く野狂といわれた。昔の言葉でいえば倜儻《てきとう》大度《たいど》の人である。和歌や漢詩の才にも優れた文人としても名高い。

珍皇寺の迎鐘の建物の南側に篁《たかむら》堂があって、篁と弘法大師と閻魔の像が安置されている。篁については亡き母の霊に会うため珍皇寺の井戸から冥界を往復し、死後には閻魔の庁で第二の冥官となったという伝説がある。篁が使ったという井戸はいまも本堂の裏庭にあって、傍《かたわら》に竹有大明神の祠がある。

小野氏といえば遣隋使の小野妹子や美人の誉の高い小野小町など著名人が多い。京都市左京区修学院町の崇道神社の裏山から、天武朝に仕えた小野朝臣毛人《えみし》の墓誌をともなった古墓が発見されたことがある。毛人は妹子の子であるが墓が愛宕郡内にあることから生活の拠点（本貫）も同郡の小野郷にあったとみてよかろう。なお崇道神社はまえに藤森神社の項で述べた桓武天皇の皇子の早良《さわら》親王を祠っている。

珍皇寺の迎鐘の建物

歴史的にいえば小野氏は和邇《わに》氏系の氏族に属し、京都市域を含む山城や近江に同族が居住し、のちに述べる粟田氏やいままでに名のでた大宅氏も同族だった。ようするに小野氏は平安遷都以前から、岩倉盆地の東部や山科に拠点をもっていた山城生《はえ》抜きの豪族である。

山背国造《やましろのくにのみやつこ》と愛宕寺

平安時代には珍皇寺を愛宕《おたぎ》寺《でら》ともいった。すでに述べたように愛宕は山城の一つの郡の名であり、さらにそのなかの主邑として愛宕郷があった。愛宕寺の名はこの地名をとったことは明らかだが、そのさい郡名か郷名のどちらの地名をつけたかはわからない。とはいえ愛宕寺は愛宕郷にあった可能性は強い。

例をあげるまでもなく、斑鳩寺と法隆寺、飛鳥寺と法興寺、太秦《うずまさ》寺と広隆寺などに地名と法名による寺の名が併存してきた。

愛宕寺の創建は奈良時代に遡ると推定されているが、まだ本格的な地下の調査がおこなわれたことはない。古い伝承によれば大宝（七〇一〜七〇四）のころに山代淡海の創建という。山代は山背とともに平安遷都前のヤマシロの表記である。この伝承を手がかりにさぐってみよう。

正倉院文書に天平五年（七三三）ごろと推定される「山背国愛宕郡某郷計帳」（以下は「愛宕郡某郷計帳」と略す）がある。計帳とは律令制のもと庸調の税を課するための住民基本台帳のことで、毎年作られ太政官に提出された。

平安遷都以前の計帳は大和のものよりも山背《やましろ》のものが多く伝わっていて、山背のほうがより詳しく八世紀の状態を復元することができる。ぼくはいままでの京都の歴史は平安京以降の叙述が詳しく、せっかくの史料の多いそれ以前を軽視していたように見受ける。その意味でも本書の記述には力が入る。

話を戻すと、「愛宕郡某郷計帳」のなかに山背忌寸凡海《やましろいみきおうみ》の名がみえる。凡海は近江のこと、さらに淡海も古い表記である。ただし山背忌寸凡海はこの計帳が扱う郷の人ではなく、愛宕郷の人である。どうしてそのことがわかるかといえば、戸主小爾（秦《はた》姓とみてよかろう）の戸のなかに稲敷という名の年二八の奴がいて、その奴についての註として左唇に黒子《ほくろ》があることと、〝愛宕郷の山背忌寸凡海の戸より来附〟とあることによっている。黒子まで記載するのは今日でいえば写真を貼付するようなものであろう。これらの計帳ではよく人が「逃」げたことを註記しており、「逃」げるよりも「来附」は穏当な所属変更だったとみられる。

さきほど珍皇寺の古い伝承で〝大宝以往、山代淡海が国家鎮護と利益黎民のため草建したところなり〟（延久三年の珍皇寺司解、もと漢文）とある。黎民は農作業で日焼けした民のこと、国家鎮護と民衆の利益を願って建立した寺であることがわかる。

天平五年に山代忌寸凡海が生存していたのは確実だから、淡海と凡海を同一人物とみると仮に大宝のころ二〇歳だったとすると計帳に名がでたころ五〇あまりの人物となり、同一人物の可能性は強いとぼくはみる。では山代忌寸《やましろいみき》とはどのような家柄だったのだろうか。天武天皇の一四年（六八五）に、山背連《むらじ》や凡川内《おほしかふち》連ら一一氏が忌寸《いみき》の姓《かばね》をもらっている。山背忌寸の初出である。山背連は大海人皇子の挙兵にさいしていち早く従軍した山背直《あたい》小林の名がみえ、天武の即位後に連《むらじ》となりさらに忌寸となった。

大宝のつぎの慶雲三年（七〇六）に文武天皇に従って藤原京から難波へ行った人のなかに、山背国造外従八位上の山背忌寸品遅《ほむち》の名がみえる（『続日本紀』）。おそらく凡海（淡海）の父であろう。このとき山背忌寸品遅とともに従七位上の摂津国造凡河内忌寸石麻呂ほか二名も位一階を進められている。品遅も石麻呂も位は低いがともに国造《くにのみやつこ》だったことに注目される。難波で重要な宗教的儀式がおこなわれたことが推測される。

八世紀の国造は行政上の役割より祭祀の面での役割があったといわれているが、愛宕《おたぎ》郡愛宕郷に山背国の国造がいたとみられることの意味は大きい。オタギの語源は明らかではないが、沖縄にのこる古い日本語としてのウタキとの関連は捨てがたい。ウタキ（御嶽）とは地域の聖地のこと、ぼくの実感では樹木が繁りヤマとよばれることもある。愛宕郡内にウタキに似た聖地を探すと祇園社の鎮座する円山が候補地となる。祇園社はあとで扱うけれども、山背国造家のいた愛宕郷に隣接していることも見逃せない。

愛宕郡についてさらに述べる。この郡は南北約四〇キロにおよび、蓼倉《たてくら》、栗野、粟田《あわた》、大野、小野、錦部、八坂、鳥戸《とりべ》、愛宕、賀茂、出雲の一一の郷があった。そのうち粟田郷は『和名抄』のころには上粟田郷と下粟田郷になり、出雲郷も八世紀には雲上里と雲下里になっていたことが八世紀の計帳からわかる。それぞれ人口稠密の地だったのだろう。

いずれ述べるが、雲上里と雲下里の計帳では住民の大半が出雲臣からなっており、それにくらべると「愛宕郡某郷計帳」に見られる戸主の構成は異なる。戸主となる人は、今木直《いまきのあたい》、呉原忌寸《いみき》、粟田忌寸、依当《よりとう》忌寸、白髪部造《みやつこ》、秦人、錦部直、川造《みやつこ》、出雲臣《おみ》、葛野大連《かどののおおむらじ》、桜連《むらじ》、犬養、壬生《みぶ》など、ひじょうに多くの氏が某郷には混住していた。

このうち今木、呉原、秦、錦部は渡来系氏族で、錦部は愛宕郷に錦部郷があることから、錦部氏がより多く住んだ郷は愛宕郡内に別にあるとみてよかろう。和邇氏系の粟田氏についても上下の粟田郷があることから、もっと粟田氏の多い郷は別にあったとみてよい。さきにあげたように山背忌寸凡海が愛宕郷の人と註記されていたことからこの計帳は愛宕郷のものでもなかろう。さらに賀茂、八坂、小野についてもその地名を冠した戸主が見当たらず、これらの郷でもなかろう。

とすればこの計帳は蓼倉、栗野、大野のいずれかの郷の計帳だった可能性が強いとみてよかろう。さきほどは戸主だけをみたが、戸の構成員には宇治部、宗方《むなかた》、丸部《わにべ》、大伴造、的臣《いくはのおみ》、御津首《みつのおびと》、蘇我部、野身連《のみのむらじ》、鴨県主《かものあがたぬし》、日佐《おさ》、刑部《おさかべ》、忍海《おしみ》など、列島各地からの氏族が集っていることが目につく。愛宕郡にはそのような求心力があったのである。

説明は長くなったが、珍皇寺の草創者と伝える山代淡海はたんなる地域の有力豪族というだけでなく、山背の国造《くにのみやつこ》をつとめていた山背忌寸品遅の子の可能性が強まった。八世紀の国造は新国造といってあまり注目されることはないが、あらためてその存在を重視したい。

このように愛宕寺は山背国造家が建立にかかわった寺とみてよく、珍皇寺にただよう神秘的な宗教的雰囲気の由来の一端が解けたように思える。

武家政権と六波羅

六波羅の地に愛宕寺ともいわれた珍皇寺や六波羅蜜寺のあることはすでに述べた。これとは対照的に、六波羅の地上に往時の建物は何一つのこらないとはいえ、平氏政権が拠点をおき「一族親類郎従眷属《けんぞく》住所」（延慶本『平家物語』の平家都落事）のあった六波羅邸宅群や源頼朝が京都の拠点とした六波羅御亭、さらに承久の乱後に北条泰時や時房が探題《たんだい》となった六波羅探題など武家政権の拠点はずっと六波羅におかれた。

武家政権が京都を含む西国支配の拠点をどうして平安京内ではなく、京外の鴨東にある六波羅に置きつづけたのであろうか。平家が滅亡したあとも源頼朝が引きつぎ、さらに北条政権も踏襲したのはどうしてだろうか。このことは歴史上の事実ではあるが謎としてのこる。

六波羅の地は平安京より東国と往来するのに便利であると説明されることはあるが、距離からみると大差はない。それに平氏は伊勢を勢力の基盤にしていて、その説明だけでは弱い。日宋貿易でもたらされる大量の財物をいれるため多数の倉を必要とし、その敷地を確保するのに空き地の多い六波羅を選んだとする見方もあるが、すでにふれたように愛宕郡はそれなりに人家の多い土地だったから、この視点は成立しない。

すでに触れたことだが六波羅の地名が髑髏原《どくろはら》からついたと推測できることと関係しているとぼくはみる。武士は命をかけざるをえない戦のあることを、絶えず覚悟しておかねばならなかった。つまり死に直面せざるをえない緊張の空間で暮らすのがよい。

六波羅の地はすでに説明したように、その東方や南東方に一大葬地としての鳥辺山や鳥辺野がある。隣接しているというより、葬地の一部であったともみられる。のちに述べる平氏の泉殿には、武家政権としての平家の祖である正盛を葬ったとみられる正盛堂があった。天皇や皇族あるいは貴族といえども、死にさいして庶民と同じように鳥辺山か鳥辺野で火葬されたり埋葬される。

生存中は栄華をきわめたといわれた藤原道長も、万寿四年（一〇二七）に法成寺阿弥陀堂で死んだあと鳥辺野で荼毘《だび》に付され、骨は宇治の木幡にある藤《とう》氏一門、とくに北家の人びとの墓地に運ばれた（『栄華物語』）。

権勢をきわめた平清盛も養和元年（一一八一）に高熱をだして死ぬと、「愛宕にて煙になしたてまつり、骨をも円実法眼頸に懸け、摂津国へくだり、経の島にぞをさめける」（『平家物語』）の有様だった。経ケ島は神戸市にあって、福原の港の防波堤として築かれた人工島である。物語はさらに続けて「威をふるッし人なれども、身はひとときの煙となッて、都の空に立のぼり」と果無《はかな》さを語っている。のちの時代のことだが、豊臣秀吉も死後は鳥辺山の一角にある阿弥陀ケ峰に葬られた。

このように六波羅は死に直面できる緊張の地であることが、代々の武家政権が珍皇寺や六波羅蜜寺の周辺に住みつづけ、支配の拠点を置きつづけた背景にあったとぼくは考える。

鎌倉時代の東国武士の生活を伝える絵巻物として『男衾《おぶすま》三郎絵巻』がある。男衾は武蔵国の郡名で埼玉県西部にあたる。氏の名に郡名を冠していることにうかがえるように、古代からの豪族としてかなりの勢力をもった武士とみてよかろう。弟の三郎も兄の吉見二郎も、幕府が御家人に課す大番役によって上京する途中、遠江で異形の面相をした賊に襲われ二郎は殺された。ちなみに吉見二郎の吉見は、古墳時代に終末期の横穴群として知られている吉見百穴と同じ地名である。

『男衾三郎絵詞』では武士の日常生活をも描いているが、〝馬場には生首をたやさぬものぞ〟という一節があり、印象にのこった。ひとかどの武士の家ではそのように、死を意識することが習慣となっていたとみてよい。三郎は観音に帰依《きえ》していて、東国の武士への仏教の浸透の度合いも暗示されている。

あるとき日本手拭を洗ったあと乾かす前に勢いよく振って音をたてて湿気をとばしていると、小田原の北条家の故事をよく知る人から〝その音は首を切り落とすときの音に似ているので武士の家ではやらない〟といわれ驚いたことがある。ぼくの推測になるが、かつての髑髏原の地こそ武士が拠点をかまえ、身を引きしめて暮すのにふさわしかったのであろう。

とはいえ武士にも長年の暮らしで惰性がでることもあった。木曽義仲が信濃を発し北陸で強大な勢力になりつつあったころ、平氏は西国の武士を動員して対決するため大軍を北陸へ派遣することになった。大将軍は平維盛《これもり》、副将軍は平経正《つねまさ》だった。

経正は決戦の地へ行く途中、琵琶湖の竹生島《ちくぶしま》を遠望し、その島へ渡ることを思いつき実行している。この行為は戦勝祈願のためというより、物見遊山の類《たぐい》におもえる。案の定、平家軍は北陸で大敗し、結果としては六波羅邸を焼きはらって都を捨てることになった。

六波羅の地上には、武家政権が本拠をかまえていたことを偲べる建造物はないけれども、町名にはそれがのこっている。とくに平家政権があったことを示す地名が集中している。

六波羅蜜寺のすぐ南側に三盛町《みつもり》がある。もと泉殿《いづみどの》があったことにちなんで泉殿町ともいった。三盛とは六波羅に邸宅をもった清盛、頼盛、教盛《のりもり》の三人の名によったともいうし、平家の勢力を築いた正盛、忠盛、清盛の名をつけたともいう。

忠盛が清涼殿への昇殿を許されるまでに出世したとき公卿たちがねたみ、舞を踊る忠盛を〝伊勢平氏はすがめなりけり〟とはやしたことが『平家物語』にでている。平氏は伊勢との関係が深かったので「其国のうつは物に事よせて、伊勢平氏とぞ申ける」としていて、ぼくは東海産の無釉の素瓶《すがめ》にかけての囃《はやし》言葉とみている。

知多半島や渥美半島は常滑《とこなめ》焼や渥美窯の製品として知られる陶器の産地で、それを各地にひろめる交易の役割で伊勢の平氏が働いたことを背景とした物語とみられる(『「東海学」事始め』陶器交易の項)。

泉殿のあった三盛町の東は多門町である。平家邸宅群の惣門があった地と伝える。その脇に平教盛の居館があったので教盛は門脇《かどわき》殿とよばれた。門脇町は三盛町の南になる。さらに門脇町の

六波羅門（東福寺）

南西に池殿町がある。清盛の弟の池大納言とよばれた頼盛の邸宅があったのであろう。

もう一つ見逃せないのは、六波羅蜜寺の北北東の建仁寺境内にかけてある小松町である。ぼくは清盛の子の重盛を小松内府といったことが思いあたる。重盛の小松邸を、東山山麓の渋谷道ぞいの小松谷にあったとみる説もあるが、それでは重盛邸だけが東方に約八〇〇メートルも離れていて不自然であり、再考の余地がある。

このように平家政権とかかわりがあったとみられる町名は東西二〇〇メートル、南北三〇〇メートルの範囲にある。ここに平家邸宅群が集中し、さらに郎党らの家も周辺に集まっていたことはほぼ見当がつく。とはいえ平時から周囲に濠をめぐらすなど、格別の防禦への配慮のないことも留意してよかろう。

平氏政権をしのぶ唯一の遺品は、さきにあげた六波羅蜜寺の平清盛の坐像である。出家姿で手に経巻をもった柔和な姿からは、保元の乱や平治の乱を勝ちぬいた武将の面影はみられない。この像は鎌倉時代初期の製作とみられ、この像がどのような動機で作られたのかなど究明課題はのこる。

北条政権の六波羅探題は北方《きたかた》と南方《みなみかた》二つの政庁からなっていたが、場所はかつての平氏邸宅群の跡地に設けられたといわれる。元弘三年（一三三三）に幕府を裏切った足利高（尊）氏や赤松則村軍の攻撃によって激戦ののち消失した。まだまとまった地下の調査はおこなわれていないが、戦火をまぬがれたとみられる門がのこっている。すでに紹介したが東福寺の六波羅門で、鎌倉時代の建築、おそらく六波羅探題創業のころからの門であろう。鎌倉幕府滅亡のあと九条家の力で移築したのであろう。

ぼくはこの門に朝の光のあたっている角度から見るのが好きである。名を知っている武士たちもこの門をくぐったことだろう。毎年紅葉の季節になるとこの門から車を境内にいれているが、そのうちに柱に衝突する車がでないか、ぼくははらはらしている。寺の境内へは車をいれる必要はなかろうと思う。ほかに建仁寺の勅使門もその可能性があり、あとで述べる。

馬町十三重石塔

京都国立博物館の中庭に二基の十三重石塔が移築されている。一方の塔の基部に「永仁三年二月二十日立之　願主法西」の銘文があって、鎌倉時代の永仁三年（一二九五）の建立であることがわかる。

これらの石塔はもと東大路から渋谷通を東へ五〇メートルほど入った通称馬町《うままち》、現在の町名では常盤町に上部を欠損した状態で建っていた。安永九年（一七八〇）に刊行された『都名所図会』には「佐藤継信・忠信の石塔」として掲載し、竹原信繁の描いた挿図がある。

継信《つぐのぶ》・忠信《ただのぶ》は兄弟で姓は佐藤、陸奥平泉の藤原秀衡《ひでひら》の家来で、のち源義経に従い二人とも戦死していて永仁では年代はあわない。『都名所図会』では、石垣で周囲をかためた円墳状の土盛の上に二基の石塔が並んでいる様子を描いている。

鹿児島県始良《あいら》郡隼人町に有名な隼人塚《はやとづか》といわれる遺跡がある。長方形の土盛の上に三基の五層の石塔が並んでいて、まだ建立目的は解明されていないが両者に共通点がありそうである。遺跡名になっている隼人を頭からはずして、日本の宗教史の変遷のなかで考えるとよいと思っている。

馬町の石塔は一九四〇年に解体され、欠失部を復元し紆余曲折ののち現在地へ移され、元の所

『都名所図会』に描かれた馬町十三重石塔

鹿児島県隼人塚にたつ石塔

在地によって馬町十三重石塔とよばれている。解体には石造美術品の研究者川勝政太郎氏（故人）が立会われ、二基とも初重の真中に孔があって小型の仏像を主とする納入物があった。とくに北塔にあった銅製の善光寺型の如来三尊立像は、善光寺の信仰のひろまりを考えるうえで貴重である。これらは京都国立博物館で陳列されるときもある。ただ願文はなく石塔の建立はまだ解明されていない。

ところで馬町十三重石塔は渋谷越とよばれる山科盆地へ抜ける街道沿いに建っていた。六波羅探題が後醍醐天皇に加担した軍隊によって攻められたさい、北方の北条仲時ら四百人の北条の武士団が鎌倉を目ざして落ちていったのも苦集滅路《くずめじ》ともいうこの街道だった（『太平記』）。近世以前はこの街道は東国道《とうごくみち》とよばれ京と東国を結ぶ出発点だった。

馬町十三重石塔の建立を東国への旅の道中の安全を祈願するとみる説があるし、また鳥辺野との関係で大きな葬地であった鳥辺野の総祭祀施設とみる説とがいままでに提出されている。だがぼくは両説はそれほど対立するものではないとみている。

すでに述べたことだが、六波羅の武士たちは命のはかなさを痛感していた。鎌倉時代になってからも梶原景時、城長茂《じょうながもち》、比企能員《ひきよしかず》、源頼家、畠山重忠、平賀朝雅《ともまさ》、和田義盛、源実朝、三浦泰村ら身内の者をもつぎつぎに殺されている。天寿をまっとうすることがいかに困難であるかを武士たちは知りぬいていた。

六波羅探題をあとにした仲時らの北条軍が、渋谷越でこの石塔を見たときどのような気持だったのだろうか。鎌倉へ行くとはいうものの、そこも新田義貞軍が攻めようとしている。前途に希望もてないなか、とにかく東国行を決行する。仲時ら一行が近江の米原近くの番場《ばんば》で蜂起した野伏《のぶし》たちに囲まれ、ついに集団自殺をした（『太平記』）。番場の蓮華寺境内に仲時ら四百人の墓がいまもある。

これらのことを考えると、馬町十三重石塔は六波羅探題の武士も建立に合力したもので、鳥辺野の土地がらということもあって、自らの後生をも供養した塔ではなかろうか。またその建立を勧《すす》めたのは西大寺の律宗の僧とみられ、法西という僧を考える手がかりとなりそうである。

第3部　東山三十六峰山麓の寺でら

三条通
三条大橋
三条駅
卍青蓮院
縄手通
鴨川
白川
卍知恩院
四条大橋
四条通
八坂神社
左阿彌
卍安養寺
卍仲源寺
円山公園
四条駅
花見小路
祇園
卍長楽寺
卍大雲院
卍建仁寺
卍高台寺
方丈
土地堂
東大路
恵比須神社
卍霊山観音
将軍塚
卍開山堂
八坂通
勅使門
卍正法寺
卍法観寺
(八坂の塔)
卍六道珍皇寺
松原通
清水坂
大和大路
卍六波羅蜜寺
五条駅
五条坂
五条通
地主神社
三重の塔
卍清水寺
音羽の滝
卍方広寺
豊国神社
卍妙法院
京都国立博物館
阿弥陀ヶ峰

10章　清水寺を解くキーワード

清水寺《きよみずでら》は京都観光第一の人気スポットである。このことは現代にはじまったことではなく、その傾向は平安時代からあった。平安京から清水寺に詣でるためには鴨川を渡らねばならない。そのために架けられた五条橋（現在の松原橋）は、平安時代後期にはすでに清水寺橋の名で知られていた。

このように清水寺へ詣でる人があとをたたなかったので、物語や日記などにも頻繁に登場し、『今昔物語』だけでも清水参詣にまつわる話が一〇も載っている。だがよく知られたわりにはこの寺の創建の年代や由緒については、伝説はともかくなお不明の部分もあって、いっそう神秘性をかきたてる。

清水寺を解くキーワード

清水寺を解くにはいくつかのキーワードがありそうである。第一は寺の名になった清水が示すように、霊水といってもよい聖なる水としての音羽の滝の水がある。

音羽の滝はいまは三筋の石樋で水流を分けて落下させている。この形態は少なくとも中世に遡る（天文年間の『清水寺参詣曼荼羅』）。昔はこの水に打たれて修行する人もいたし、この水を汲んでそれを運び生業にしていた者までいたようである。

聖なる水を信仰にとりこんだところは、平安京の東西南北のいずれにも見出すことができる。東は清水寺、西は石清水《いわしみず》八幡宮、北は貴布禰《きぶね》（貴船）神社と鞍馬寺、南は伏水とも書く伏見の御《ご》香宮《こうのみや》神社が浮かぶ。

まえに読んでメモしたのだが、鎌倉時代初期に活躍した仏師運慶は、写経にさいして比叡山の横川《よかわ》の根本如法水、近江の園城寺《おんじょうじ》の水、清水寺の水を合わせて墨をすったという。平安時代末の寿永二年のことだった。

園城寺は別の名を三井寺《みいでら》というけれども、三井は御井のこと、つまり聖なる水の湧く井戸のことである。運慶の写経は聖なる水の役割について充分に物語っているといってよかろう。

第二のキーワードは坂上田村麻呂である。田村麻呂の父は武人として誉れの高い坂上苅田麻呂であった。坂上氏は後漢の霊帝の子孫という阿智王（阿智使主《あちのおみ》）を祖とする東漢《やまとのあや》氏の宗家筋にあたっていた。つまり漢民族系の伝承をもった渡来系集団に属していた。

東漢氏はヤマトの飛鳥の檜隈《ひのくま》（前）村にいて飛鳥時代から軍事力にすぐれ、その家は「世々弓馬を事として馳射《ちしゃ》を善くした」（苅田麻呂の薨伝《こうでん》、『続日本紀』）のだった。馳射とは騎射のこと。田村麻呂が蝦夷政策のため征夷大将軍に抜擢されたことには、そのような坂上氏の伝統があったのである。

第三のキーワードは、坂上氏が渡来以後に本拠としたヤマトの檜隈村のあった高市郡《たけち》である。苅田麻呂は宝亀三年（七七二）に高市郡の郡司に一族の檜隈忌寸《いみき》を任じられんことを願いでて上奏文を提出した。その文に「高市郡内には檜隈忌寸ら十七県の人夫が地に満ちて他姓の者は十にして一、二」の有名な一節がある。「十七県の人夫」とは中国から朝鮮半島の帯方に移住していたとき一族の人たちがいた範囲をいった言葉である。

このように東漢氏系の人たちで満ち満ちていたのが高市郡なのだが、この郡には代々の飛鳥の宮都があるだけでなく、日本の国の始祖王と信じられた神武の陵も高市郡内にある。あとで述べるようにこの高市郡が清水寺の縁起と関係していることは坂上田村麻呂のこととあわせて銘記してよいことであろう。

音羽の滝

飛鳥の宮都に東漢氏系の人たち（それ以外の渡来人も）が多く居住していたことに関してついでに述べると、平安京も最大規模の渡来集団としての秦氏の根拠地に設けられたことと共通する。このことはそれだけでなく、天智天皇の大津京にも孝徳天皇以降の難波宮にも指摘できるし、ことによると応神天皇の軽島豊明宮《かるしまのとよあきらのみや》や仁徳天皇の高津《たかつ》宮、宣化天皇の檜隈廬入野宮《ひのくまのいおりのみや》にもいえそうだとぼくはみている。このことについては平安京の項でさらにふれようと思う。

苅田麻呂は長岡京に都のあった延暦五年（七八六）に五九歳で亡くなった。そのとき務めていた官職の一つが左京大夫だったから、すでに故郷の檜隈を離れ長岡京に本拠は移していた。とはいえ高市郡とも強く結びついていたことはさきほどの上奏文でもわかる。苅田麻呂は、死の前年にも同族十一氏のため忌寸《いみき》から宿禰《すくね》の姓になることを願い出て許されているから、故郷を大切にしていたことがわかる。

坂上田村麻呂と清水寺

三つのキーワードに加えて見落とせないのは、清水寺が東山の山腹にあるという立地条件である。いままでに扱った法性寺、東福寺、法住寺、六波羅蜜寺、珍皇寺などは平地にあった。それらとくらべて清水寺は山寺といってよかろう。

ぼくは先日、橿原市で講演をしたあと急に明日香村の岡寺に詣りたくなった。胸をつくような坂道をなんとか登り境内に達したとき、清水寺に環境が似ているという印象が頭に浮かんできた。明日香でも飛鳥寺、川原寺、橘寺、豊浦寺など平地にある寺に比べ、岡寺だけがきわだって山寺である。それに岡寺は高市郡にあって檜隈から遠くはない。さらに岡寺でも本堂の前に龍を閉じこめたという伝説をもつ龍蓋池《りゅうがいいけ》の名のある泉池があって、この寺も聖なる水を信仰にとりこんでいる。

『扶桑略記』の延暦一三年（七九四）の条に清水寺の創建にいたるまでの説話がある。要点を述べよう。鎮守府将軍坂上田村麻呂が、山城国愛宕郡八坂郷の東山にある清水寺に金色四十枝手の観世音菩薩像一体を造り、自分の旧居を移して堂宇にした。以下はこの寺の縁起を引用する。

宝亀九年（七七八）に延鎮という名の沙弥《しゃみ》が夢をみた。（ヤマトのある）南方から北方へ向って行けという。夢からさめて行動を始めると金色の一支の水があってその源をたずねていくと清水の滝にいたった。そこに草庵があって一人の老居士《こじ》がいた。沙弥が尋ねると〝行叡《ぎょうえい》という名でここに住んで二百年になる。心に観音の威力を念じて修行にはげみ沙弥の来るのを待っていた。自分は東国へ修行に行くので自分に替ってここに住んで堂宇を創ってほしい。ここにある木の株は観音を造るための木である〟といって東へ去っていった。

延暦一七年（七九八）に田村麻呂が産女《うぶめ》（お産をする女、ここでは妻）を助けるため狩にでかけて鹿一匹を得た。そのとき水を訪れ清水の滝の下に到った。そこで延鎮に出会ったら、延鎮が以上のことをいったので将軍はこの寺を建立した。このことは縁起に出ている。

これとほぼ同じ話は『今昔物語』第十一に「田村将軍、始建二清水寺一語《こと》」にある。「今は昔、大和国高市郡八多郷ニ小嶋山寺ト云フ寺有リ」で始まる文で『扶桑略記』の記載より詳しい。

小嶋山寺に賢心（延鎮のこと）という僧がいた。報恩大師の弟子である。夢の中でお告があって、〝南を去って北へ行け〟という。夢がさめたので北へ向かい、新京（平安京）を見ようとおもった。すると淀川に金色の水一筋が流れていたので瑞相の現われと思い、水の源を尋ねていった。新京の東の山に入ると山の中に滝があって、朽ちた木を山上の道にしていた。滝の下にいたると草庵があって年老いた人がいた。賢心が尋ねると〝行叡という名でここに住んで二百年はたつ。ずっと汝の来るのを待っていた。これから東国でさらに修行しようと思っていた。だから汝は自分に替わってここに住み、堂を建ててくれ。この前の林は観音を造るための木である〟以上のことをいうと姿を消した。

このころ坂上田村麻呂は都を造る役をしていた。奉公の隙に東の山へ行って、お産をする妻に食べさせるため鹿を捕り居っているときに奇異な水の流出ていることに気づいた。田村麻呂がその水を飲むと冷たくて気分が楽しくなってきた。さらに水の源を尋ねていくと滝があって、経を誦《しょう》ずる音がする。聞くうちに懺悔の心がでてきてとうとう賢心に出会った。まるで神仙のようだった。賢心はそれまでの自分の体験を田村麻呂に語った。

田村麻呂の妻は三善高子といった。田村麻呂は山中で鹿を殺したことや賢心に会ったことを伝えた。妻がいうには自分のお産のため生き物の命を奪った。後生のことを考えるとその罪を免れたい。自分の家の材木で堂を造り罪を懺悔しようと思う。田村麻呂は以上のことを聞いて喜び、白壁天皇（光仁）に賢心のことを申しあげると、度者《どしゃ》（正式の出家僧）を一人つけ賢心を東大寺の戒壇院で具足戒を受けさせ、名を延鎮と改めさせたという。

延鎮と田村麻呂は力を合わせ、岸をけずったり谷を埋めたりして伽藍を建て始めた。妻の高子も多くの人達の力をえて、金色の十一面千手観音像を造った。まだ完成しないうちから霊験があるという噂がひろまり、世をあげて崇められるようになった。物語はこの寺が「今ノ清水寺ト云フ、是也。田村ノ将監ノ建タル寺也トナム語リ伝ヘリ」と結んでいる。

『今昔物語』のいま要約した説話では、賢心のいた寺の所在地を八多《はた》郷としているが、一般には波多郷と書かれ檜隈《ひのくま》に近い。それと清水の滝の下で修行している老人は観音を信仰しているとはいえ中国の神仙思想の影響もちらつく。神仙思想とは不老不死、不老長寿のために仙人となる修行をつむことである。

それと見落とせないのは、よく清水寺は田村麻呂の建立というけれども、以上の縁起で田村麻呂の妻の高子の役割も大きい。それもあって清少納言や菅原孝標《たかすえ》の女《むすめ》など清水寺に参詣した女性も多い。このことは『枕草子』や『更級日記』で読むことができる。『今昔物語』には貧しい女が清水に詣って幸福をえた話もいくつかあるし『徒然草』にも「くさめ」を連発しながら清水詣をする老いたる尼の話がでている（第四七段）。

平安時代にはそれまでの時代ほどには尼寺は建立されていない。清水寺は男の寺でもあるし女の寺でもあり、さまざまな階層の人、つまり「都ノ上中下ノ人」の皆の寺だったのである。今日まで人気のある理由がわかるようである。

鹿を食べることについて

清水寺の縁起のなかで、田村麻呂がお産をした妻に栄養をつけるため狩で鹿を殺す件がある。仏教が伝わってからの日本では、魚はたべても鹿や猪はさほど食用にしないという思い込みがあるようだが、平安時代について検討してみよう。

『延喜式』の内膳司の項に、元旦からの三日間「蘿蔔《おかね》、味醤漬瓜、糟漬瓜、鹿宍《しか（にく）》、猪宍、押鮎煮、塩鮎」の七種類の食品を「瓷盤七口と高案一脚」で供えることが定められている。

内膳司は天皇の食膳を担当するのだから、天皇も正月三ケ日は歯固めとして鹿や猪の肉を食べたことがわかる。なおこの規定の最初にある蘿蔔《おかね》は春の七草にもはいっている「すずしろ」つまり野生の大根、奈良時代にはかなり高価でこれ一把がおよそ米一升にあたったという。生のまま齧《かじ》ったのであろうか。

平安時代後期の政治家でもあり学者でもあった大江匡房《まさふさ》の談話を集めた『江談抄《こうだんしょう》』には、「鹿肉を喫《くら》う人、当日、内裏に参るべからざる事」とあって、そのような習慣が内裏の清涼殿に立てられていた年中行事を描いた衝立障子にでていたことも述べている。匡房によると、当時は鹿に代わって雉《きじ》の肉を使うようになったという。

それはともかく、清水寺の縁起は鹿の肉を得るための田村麻呂の狩を動機としている。この話は当時の食生活を知るうえでも役立つであろう。

二千度の観音詣を賭事の型にした侍

清水寺は建立直後からさまざまな階層の人の信仰を集めており、ついに参詣の数を賭事の型にした男があらわれた。『今昔物語』巻十六に「清水ニ二千度詣デシ男打二入双六一語《こと》」がある。清水寺に千度詣を二度もした侍の話である。ここでの侍はいまの感覚ではガードマンぐらいだろう。

この侍は双六で賭事をした。すると二千度詣の侍が負け相手に出す物がなく、二千度詣をしたということを証文に認め相手に渡した。この受け渡しは「観音ノ御前ニシテ師ノ僧ヲ呼テ」おこなった。その後間もなく、負けた侍は思いがけないことにかかわって入獄することになった。一方、勝った侍は妻ももらえ、人の徳をこうむって富貴となり任官もし楽な暮らしができた。この話を聞いた人は、この証文をうけた侍をほめ、渡した侍を憎み謗《そし》ったと語り伝えた。

二千度も観音に参詣しても、その事実を人に渡しては観音も見放したのであろう。これと同じ話は『宇治拾遺物語』上末一にも収められている。

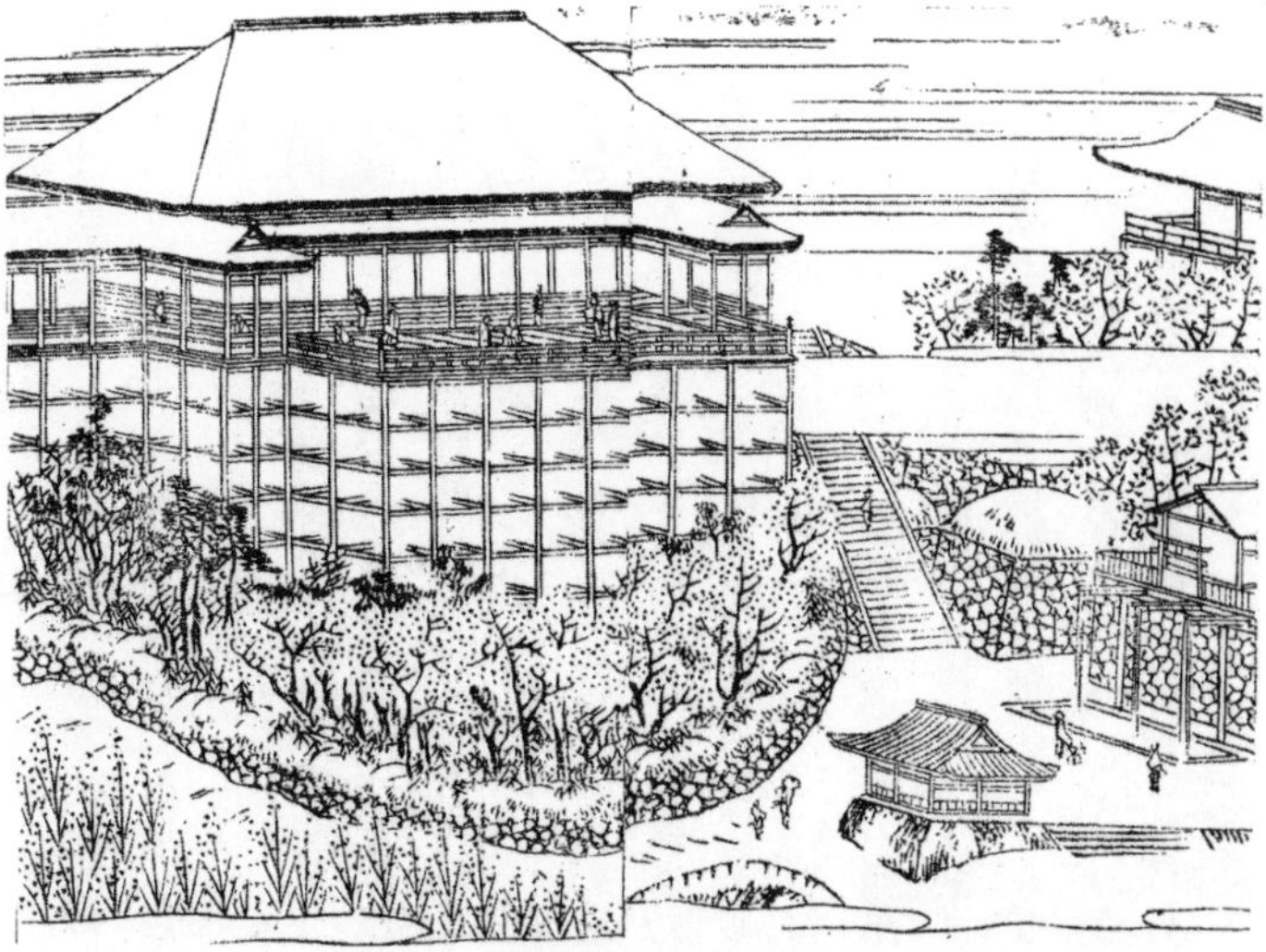

清水寺の本堂と舞台（増補都名所車）

清水の舞台と観音

覚悟を決めることを清水の舞台から飛び下りるという。この場合の舞台とは本堂に付属した建造物である。十一面観音を祀《まつ》る本堂は江戸時代前期の寛永一〇年（一六三三）の再建で、谷のほうに向ってせりだすように舞台がつくられるという珍しい構造である。この舞台から見渡す光景は雄大であるが、音羽の滝もすぐ下に見ることができる。音羽の滝を見たあと、下からこの舞台の柱組みを見上げると大工の技に感心するだろう。

江戸時代にこの舞台から飛び下りた人が大勢いて、そのうちの何割が絶命したという統計を前に読んだことはあるが、わざわざ書くほどのことではなかろう。舞台を設けた理由は絶景を観音に見せることと聖なる水の存在を強調することにあったのだろう。

鎌倉時代にできた『古今著聞集』に侍従大

納言藤原成通の蹴鞠《けまり》の業《わざ》のすごさを述べた話がある。父とともに清水寺に籠ったとき「舞台の高欄を沓《くつ》はきながらわたりつつ、鞠をけんとおもふ心つきて、則《すなわち》西より東へ蹴て渡《わたり》けり。又立帰、西へかへられければ見《みる》もの目をおどろかし色を失ける」とあって、鎌倉時代にはすでに高欄のついた舞台のあったことがわかる。

本堂内の内陣の須弥壇の上にはお前立《まえだち》の十一面千手観音像と、向って右側に毘沙門天、左側に将軍地蔵菩薩の立像があるはずだが、堂内に入ってもよくは見えなかった。さらに背後の厨子には秘仏の十一面千手観音がおさめられているという。

この秘仏は三三年ごとにご開帳され、二〇〇〇年がそれにあたっていたのでぼくも拝観することができた。だが期待していたほど、古い彫刻ではなかった。その理由は清水寺がたびたびの火災で仏像を焼失していて、この本尊も鎌倉時代中期に製作されたものとみられている。

この寺は平安時代だけで九回も火災にあっており、このなかには興福寺や延暦寺の僧の襲来によって焼かれたときもあった。まるでいまのイラクにおいてシーア派とスンニ派、つまりイスラム教内の異なった宗派が相手を憎みあい襲撃をくりかえしていることのようである。とはいえ各地でよくみかけることだが、仏像を文化財と称して収蔵庫にしまって信者の目から隔離してしまうのは賛成ではない。信仰財は消失してもまた作れる。

清水寺の秘仏の製作は中世とはいえ、古式を踏襲《とうしゅう》しているとみてよかろう。ご開帳のおりの印象では、千手のうちの眞手を頭上にさしあげ小さな化仏《けぶつ》を捧げている珍しいお姿だった。

もう一つ感じたことは、脇侍《わきじ》の毘沙門天《びしゃもんてん》立像は甲冑姿をあらわし、将軍地蔵菩薩も冑と甲を身につけた武装姿であって、中世の製作とはいえ、坂上田村麻呂が戦勝祈願のために作らせたことを踏襲しているように思えた。

清水寺の本堂背後にある地主《じしゅ》神社も訪れる若い男女は多い。大国主命(大已貴《おおなむち》)など五神を祠《まつ》り、もと地主権現《ごんげん》堂とよばれ清水寺の鎮守であった。しかし明治政府の神仏分離の方針によって地主神社という名になった。地主権現の名からみて、清水寺創建以前からある土地神としての地主の神であったとみてよかろう。

最後に観光地としての清水寺にふれておこう。ぼくは室町時代後期の歌謡集の『閑吟集』が好きである。そのなかに「面白の花の都や　筆で書くとも及ばじ　東には祇園・清水　落ち来る滝の音羽の嵐に　地主の桜は散り散り」(後略)とあって、地主権現の桜がよまれている。世阿弥作の能『西行桜』にも「清水寺の地主の花、松吹く風の音羽山」とあってすでに名勝になっていたことがわかる。

いまの地主神社は恋占いと縁結びの社としても知られているのは、祭神が出雲の神であることや、清水詣で相手を見初めた男女の霊験談の多いことにもよるのだろう。

東国と蝦夷の見直し

桓武天皇の治世の年表をみると「蝦夷征討」とか「坂上田村麻呂を征夷大将軍に任命」とか戦争がらみの事件が目につく。蝦夷は北海道南部(渡島《おしま》)と東北に多いが、関東や中部の各地にもいたし、近畿では近江に多く四国や九州にも集団移動の結果多く住み、肥後にはとくに多かった。

文献史学系の学者の蝦夷研究では、ヤマトの政権や律令政府は蝦夷と戦争ばかりしているような結果になりがちだが、これは研究材料の歴史書（おもに正史）はそのような事件に重点をおいて編纂されたことによっている。

東北や関東は都からみると東国であり、細かく陸奥や坂東ともいう。本書のこれまでの記述でも、東国との往来のことはしばしばでていた。清水の滝で修行していた行叡も、賢心に会うやいなや長年の願望として東国へ修行にでかけている。

仁明天皇の承和元年（八三四）五月、つぎのような勅をだしている。「相模、上総、下総、常陸、上野、下野の国司は力を勠《あわ》せて一切経一部を写し取り来年九月以前に奉進せよ。その経は上野國緑野郡緑野寺にあり」（『続日本後紀』）。

この一文をあるとき紹介したら、ある文献史学者は〝反対ではないですか。都から関東の国々に一切経をあげたのでしょう〟とおっしゃる。原文を示しても怪訝《けげん》そうな顔付だった。大きな伽藍を建て立派な仏像は都に多かったが、経典の蒐集は関東でよくなされていたのである。栂尾《とがのお》の高山寺には、緑野寺で写した奥付のある経が伝わっていると聞く。

鎌倉時代に吉田兼好も、書籍を見るため武蔵の金沢《かねさわ》文庫へ行っている。『徒然草』に関東のことがでているのはこのときの体験である。金沢文庫は横浜市の六浦《むつら》にあって、鎌倉幕府の武将金沢実時の蒐集した図書を整理した施設だが、よく利用され日本文化に貢献した。なお兼好が金沢文庫で勉強することができたのは、六波羅探題の知人（金沢貞顕）の人脈によるものとみられ、六波羅探題の文化的な役割として留意してよかろう。

源順の『和名抄《わみょうしょう》』は承平年間（九三一―九三八）の成立といわれているが、そのなかの国郡の項に国別の田の面積を書いた個所がある。驚くべきことに第一位が陸奥国の五一四四〇町で第二位は常陸国である。参考までにいうと山城は第三二位、大和は第二八位である。

古代東北といえば蝦夷の地で荒地が多いような印象をもつ人もいるだろうが、この知識はかなりの先入観に汚染されていて、水田の開発は平安時代前期には目を見はるほど進展していたのである。それに馬と砂金などの産物も豊かである。国司たちが陸奥や出羽への任官を望み、文人たちも陸奥《みちのく》をはじめとする東国に行くことに憧れた背景には、歌枕になったような名所のあることにくわえ、経済的な豊かさにもよったのであろう。

さきほども述べたように兼好は都だけではなく、関東での生活も経験したことがあった。『徒然草』には都の人と吾妻人《あづまびと》を比較した文がある（第一四一段）。

かつて俗姓を三浦の某《なにがし》といった名のある武者が出家して、悲田院の尭蓮上人《ぎょうれんしょうにん》となっていた。その上人《しょうにん》のところへ故郷（三浦半島のある相模）の人がやって来て「吾妻人こそ、言ひつる事は頼まるれ、都の人は、ことうけのみよくて、実なし」といった。つまり〝吾妻人の発言は信頼できるが都の人は口請けはよいが実はない〞と批判した。上人は都での体験をいろいろ話したあと結論として、吾妻が「にぎはひ豊かなれば、人にも頼まるるぞかし」と結んだ。両者の違いは関東の経済的豊かさが人心に反映しているのだとみたようである。

平安京としての都の繁栄はたぶんに東日本に支えられていたとみてよかろう。長らく都のあった京都だが、政治の実態が鎌倉でおこなわれるようになり、さらに江戸が幕府の所在地となり、ついには明治元年（一八六八）に天皇や公家までが移住して東京に都が移された。このことはすでに古代にその胎動が始まっていたと、ぼくはみるのである。清水寺の建立にも、田村麻呂を介して東国の富が投入されていたことであろう。清水寺のしめくくりとして、つぎに田村麻呂についての寸評と死について述べる。

田村麻呂と北天の雄アテルイ

清水寺へは五条坂を使う人が多い。しかし昔は清水橋を渡り松原通りから清水坂を登って仁王門にいたった。このほうがやや坂は緩やかである。門を入ると左手に三重塔があり、しばらく進むと本堂の手前に田村堂がある。これも寛永年間の再建だが、謡曲の『田村』には東国より都見物に来た僧が見聞するという形で清水寺が案内されている。そのなかに地主権現や田村堂が語られている。田村堂の厨子には田村麻呂と妻高子の木像がある。ともに江戸初期の彫刻である。

本堂崖下、ちょうど田村堂の下あたりに一九九四年に建立された「阿弖流為《あてるい》・母禮《もれ》之碑」がひっそりとある。碑文の右上に小さく「北天の雄」の字もそえられている。

ぼくは二〇〇六年一一月二五日の紅葉の見ごろの日に、人出の多いのは承知のうえで何度目かの清水詣をした。このときもものすごい人数の参詣人がおしかけていたが、観音の霊験にあずかろうとしてくる人はあまりなく、紅葉見物と観光地としての清水にひかれた人が大半と感じた。

音羽の滝から歩いていくと阿弖流為《あてるい》の碑の台石に腰をおろして記念撮影をしている家族連れがいた。どうやら、どんな碑かには関心はなく、観光スポットの一つとして選んだだけのようである。

阿弖流為の事件は、田村麻呂の生涯最大の失敗であるとともに、その人柄の限界を示すようであるとぼくは残念におもう。

阿弖流為は蝦夷の王といってもよいし、少なくとも豪族というべきである。多くの蝦夷の有力者が自分の名をヤマト風に改めるなか、蝦夷風のアテルイで通し、律令政府側も音《おん》をとって阿弖流為と正史に記載した。

アテルイは今日の岩手県北上市周辺、つまり胆沢《いざわ》を勢力の地盤としていて、延暦八年（七八九）に北進政策をとっていた律令政府軍は阿弖流為軍と交戦し、大敗して千余人が北上川で溺死している。征討というけれども、阿弖流為らは先祖以来の土地への他所者の侵入を防いだだけなのである。

北天の雄の石碑

このあと田村麻呂は戦法を調略に切替え、阿弖流為と武将格の母礼ら五百人余を降らさせている。ここで注意してほしいのは正史に「降《くだ》」るの字を使っているのは事実ではあるが、事件の真相を物語っているとは限らない。

ぼくは阿弖流為らと田村麻呂のあいだに和議が成立したのだとみている。田村麻呂は阿弖流為と母礼を伴って都へ来ている。おそらく、しかるべき地位を政府からもらえることを保証しての上京だったのであろう。

蝦夷の強大さを身をもって経験したことのない公卿たちは、阿弖流為らが「野心獣心、反覆定まりなし」（『日本紀略』）ときめつけ、河内の杜山《もりやま》で斬らせている。この結果をみると、どうみても阿弖流為らを都へ連れてくることでの田村麻呂の根回しは、配慮不足だったといわざるをえない。

二〇〇二年九月一七日、この日を「アテルイの日」に制定し、北上市にアテルイを顕彰する会が結成され、ぼくも色紙を求められた。「考古学ハ地域ニ勇気ヲ与エル」と書いて送った。正史では事件の真相はとうてい知りえないが、いつの日にか史料の記事だけに頼らず、発掘資料による東北の地域史の研究が進んでくると、アテルイらのことも復権できるという想いをこめたのである。

なお「北天の雄」の碑の背面に、この碑の建立のいきさつが述べられている。そのなかで阿弖流為を「蝦夷の首領」としていた。ここにはまだ蝦夷にたいして見下す意識が潜んでいると感じた。少なくとも「蝦夷の豪族」でよかろう。清水寺は阿弖流為をはじめとする生命を奪われた蝦夷の供養をする寺でもあってほしいし、晩年の田村麻呂にはそういう想いもあったのではなかろうか。

田村麻呂の死と将軍塚

田村麻呂は弘仁二年(八一一)に粟田別業で亡くなった。粟田は清水寺よりは北方にあって、平安遷都前からひらけていた粟田郷にあった。死後従二位が追贈され、宇治郡栗栖村に葬られ、さらに面積三町の墓地だったことがわかる(『日本紀略』)。また、その土地を馬背坂といったこともわかる。いまの山科区勧修寺東栗栖野町にあるとみてよかろう。いずれにしても、田村麻呂の墓は清水寺にはなく、また隣接地でもなかった。

田村麻呂は死後、幾多の伝説を生んだ。田村麻呂と混同されやすい伝説に将軍塚の話がある。『平家物語』巻五の「都遷《みやこうつり》」の項は、平家が京を捨て福原へ遷《うつ》るにさいし、神武天皇の柏(橿)原の宮から筆を始め、ほぼ代々の天皇の都の歴史を概観したあと、桓武天皇の宇多(宇太)村での都(平安京)づくりを述べたなかに、この都の長久なるべきように「土にて八尺の人形を作り、くろがねの鎧《よろい》・甲《かぶと》を着せ、おなじくくろがねの弓矢を持たせ、東山峰に西向きにたててうづまれけり。末代に此都を他国へうつす事あらば、守護神となるべしとぞ御約束ありける。されば天下に事出でこんとては、この塚必ず鳴動す。将軍が塚とて今にあり」としている。

将軍塚鳴動の話は、貞和五年(一三四九)二月二六日の夜半に夥しく鳴動し、京中の貴賤が不思議に思っていたら、つぎの日に清水寺が一宇ものこさず焼失したとある(『太平記』第二十七)。このような話は何度もあるが、この場合の将軍に田村麻呂が意識されていたかどうかははっきりしない。

現在、将軍塚とよばれる土盛りは、粟田口の粟田山南町の華頂山頂の東山有料道路ぞいにある。この付近には将軍塚古墳群とよばれる小規模な古墳群があって、将軍塚もその一基かといわれているが、どのような経過でそのような伝説が生まれたのか、さらに考える必要がある。

11章　八坂の地と法観寺

清水寺の主要部分は愛宕《おたぎ》郡八坂郷にあった。八坂郷は清水寺より北にひろがっていて、八坂の地名をつけた八坂寺がある。法名は法観寺といって、今日もその寺の五重塔は「八坂の塔」の名で京都の人びとに親しまれている。考古学からみると飛鳥時代後期の瓦（八葉素弁の鐙瓦《あぶみがわら》）が出土していて、京都市内でも奈良時代以前からあったことのわかる数少ない寺である。

八坂寺と五重塔

寺の創建については、聖徳太子のころとみる、天武朝とみる、小野篁《おののたかむら》のときとみる、などの伝説がある。

寛文五年（一六六五）に松野元敬が撰した『扶桑京華志』の八坂寺の項に〝天武帝白鳳七年八月三日に八坂塔を建てる〟の一文がある。典拠は明らかではないが注目してよい記事である。というのは出土する瓦の年代からみると天武朝創建の可能性がつよいからである。このことは一九四四年に刊行された『聖徳太子御聖跡の研究』（全国書房）の「法観寺創立の研究」の項で、京都の歴史家田中重久氏がすでに唱えられている。なお小野篁《たかむら》はこの寺に関与したことがあったとしても、創建ではなく建物の修理にかかわったのであろう。この本の出版された一九四四年は日本の敗戦の前年であり、物資窮乏下での出版であった。今回久しぶりにその本を探しだすと紙の質が悪く、どの頁も茶色に変質していた。

ちなみに八坂は坂が多いという地形から生まれた言葉であって、八坂には八坂寺のほかこの地名をつけた宗教施設がもう一つある。それは八坂寺のすぐ北側にある八坂神社である。祇園さんとして親しまれているこの社は、明治維新までは祇園社《ぎおんしゃ》とか感神院《かんしんいん》といって神社と仏教とが習合していたが、明治政府の神仏分離の方針によってそれまでの名称は捨てられ、地名をつけて八坂神社の名が生まれた。以下近代以降の記述では八坂神社を使うけれども、それ以前を述べるさいは祇園社や感神院を使う

八坂の塔（法観寺）

ことにする。くどいようだが、室町時代や江戸時代に八坂神社という名はなかったのである。

八坂寺の名は史料的にも平安時代前期に遡れるし、現在の境内は狭くなったとはいえ法燈は連綿と続いており、西寺などよく知られた寺がすでにないことからみても特記してよかろう。

すでに一〇世紀の『延喜式』にも二度にわたってこの寺の名がでている。その一つは巻十五の内蔵寮《くらりょう》の項に五月五日の昌（菖）蒲珮《はい》（佩）を造るための詳しい材料を規定したあと、その菖蒲佩を供える一五の寺のなかに法観寺がある。一五の寺は東寺、西寺から書きおこし、珍皇寺の名もみえる。それと東名寺に粟田寺也の註記があるのはいずれ述べる粟田寺のところで役に立つだろう。

同じ『延喜式』の巻三十三の大膳下の項には、七寺が盂蘭盆《うらぼん》の供養料とするさまざまの食材と容器などを規定した個所に七寺の註記があって、東寺、西寺、八坂寺、出雲寺などの名がある。このように八坂寺（法観寺）は官寺の東寺や西寺に準じる寺として扱われていたことがわかる。なお出雲寺についてもあとで触れるであろう。盂蘭盆の供養料のなかに昆布とか細昆布など蝦夷地域からもたらされた産物が加わっていることも、物資の流通を知るうえで注意してよかろう。

創建時の五重塔がいつまで存続していたかは定かではないが、一つの伝説がある。天暦二年（九四八）に塔が西に傾いたとき、雲居寺《うごじ》の僧浄蔵が加持によって元に復したという（『元亨釈書』）。

浄蔵は浄蔵貴所ともいって天台宗の僧である。平安時代前期の学者として知られる三善《みよし》清行の子で、修行のすえさまざまの験力をあらわし世間から注目されたという。いずれでてくるであろう越《こし》の大徳といわれた八世紀の僧泰澄の伝記である『泰澄和尚伝』（金沢文庫本）は「浄蔵貴所の口伝《くでん》を神興聖人が注記した」と記している。

ぼくは日本海文化に関心をもった時期があり、泰澄に注目してきた。その過程でどうして泰澄の伝記を浄蔵貴所が口伝した、あるいは口伝したというような伝承が生まれたのか、泰澄と浄蔵の接点がよくわからなかった。ことによると学者としての三善家に泰澄に関する資料があったのではないかとも考えてみている。なお三善家は百済からの渡来系氏族で、愛宕郡にも関係の深い錦織《にしごり》氏の同族である。仁徳天皇のころから南河内に本拠があって、飛鳥時代に氏寺（新堂廃寺）を建立したことでも知られている。まえに坂上田村麻呂の妻が三善高子であることを述べたが、田村麻呂は渡来系同士から妻をめとったのである。

浄蔵のいた雲居寺《うごじ》は、いま、高台寺のあるあたりにあったと推定される。八坂寺に隣接していたことがつぎの史料からわかる。承和四年（八三七）に菅野朝臣永岑《ながみね》がつぎのことを言上した。亡父の菅野朝臣眞道が桓武天皇のために建立した道場院が山城国愛宕郡八坂郷にある。彊（境）界が八坂寺に接しているとはいえ、別院のようで世間では八坂東院といっている。四至を明らかにして別の一院として僧一人をおいて護持したい。これが許されている（『続日本後紀』）。この雲居寺で浄蔵は晩年を暮しそこで亡くなっている（『日本紀略』）。なおさきに目疾《めやみ》地蔵としての仲源寺にふれたが、この寺の観世音菩薩像はもと雲居寺にあったと伝える。なお菅野氏は百済王家の子孫と伝え、古墳時代後期には河内にいた津氏であったが、眞道のとき菅野に改姓した。眞道は『続日本紀』の編纂にたずさわった学者である。なお浄蔵については、祇園祭の山鉾の一つ、

山伏山の人形（ご神体）が浄蔵の峰入りの姿を模したものといわれている。

法観寺の五重塔は永享八年（一四三六）に炎上した（『看聞《かんもん》日記』）が、永享一二年に将軍足利義教によって再建され、その塔が高さ四六メートルのいまの八坂の塔である。

拝観のため塔内にはいってみよう。塔内に安置されている阿《あ》閦《しゅく》如来や大日如来の背後にまわると、塔の中心に立つ太い心柱が見える。その柱を下へと見ていくと、柱が巨大な黒雲母花崗岩の心礎の上に据えられている状況を見ることができる。

この心礎は飛鳥時代後期の塔

の建立時のものを使いつづけていて、位置も動いていない。心礎の中央には心礎を固定するため直径一・一メートル、深さ二四センチの円形の穴を穿ち、さらにその中央に舎利をおさめるための小さな円孔が穿たれている。このように断面では三段に造作されていて、七世紀後半によく用いられた形式である。幸い心柱の下部中央には、柱を運搬するときに必要だった目途穴《めどあな》を利用したと断定される切りこみがあけられているので、以上の様子まで見ることができる（『交錯の日本史』朝日新聞社刊の「心礎の見える八坂の塔」の項）。

各地の寺に塔のあるところは少なくないが、心礎と心柱の関係を観察できる例は他にない。ゆっくり観察することを勧める。なお心礎の上に蓋状の石製品が置かれている。これは舎孔奉安孔《しゃりほうあんこう》の蓋とみられる。ただし塔再建時にこしらえたものかもしれない。

八坂の塔の心柱と心礎

八坂造と八坂馬養造

弘仁六年（八一五）にできた『新撰姓《しんせんしょう》氏録《じろく》』山城国諸蕃の項に八坂造《みやつこ》があって、「高麗国人久留川麻乃意利佐之後也」とある。八坂造は八坂郷の地名をつけた高句麗系の渡来氏族であり、八坂寺の造営の推進者とみられる。

前に引いた天平五年ごろの「山城国愛宕郡某郷計帳」のなかに、戸主眞君（姓は秦人か）の戸のなかに八坂馬養造《うまかいのみやつこ》鯖売《さばめ》という女がいて、年は四一歳の丁女（正丁と同じ）で右手に黒子《ほくろ》があると記されている。

この記載から『新撰姓氏録』より前に八坂馬養造が愛宕郡にいたことがわかる。馬養《うまかい》は馬飼に同じで馬の飼育にたずさわった集団である。

新王朝の始祖といわれる継体天皇が北陸から河内に進出するにあたり、河内馬飼首荒籠《あらこ》の力が大きかったことはよく知られているし、その数代後の川内馬飼造が天武天皇一二年（六八三）に連《むらじ》の姓をさずけられている（『日本書紀』）。このときに連をあたえられた氏のなかに倭馬飼造《やまとのうまかいのみやつこ》がいるから、河内（川内）、倭《やまと》、八坂など地名の下に馬飼（養）をつけて氏名にしていた者のいたことがわかる。平安時代に八坂造となっていた者は、八世紀に八坂馬養造であったことをも考えてよいようである。

山背は高句麗系の渡来集団の多くいた土地である。一例を示すと天平宝字二年（七五八）に越後目《さかん》の高麗《こま》使主馬養、内侍典侍《ないしのすけ》の高麗使主浄日ら五人に多可連、狛《こま》広足、狛浄成ら四人を長背《ながせ》連《むらじ》にしている（『続日本紀』）。越後目をしていたとはいえ高麗使主は、南山城の豪族であろう。八世紀に長背連がどこにいたかは明らかではないが、『新撰姓氏録』ができた頃には平安京の右京にいて、高麗国王鄒牟《チユモ》（朱蒙）之後で欽明天皇の御世に衆を率いて投化、体が大きく背の間が長く、長背王の名を賜ったとある（右京諸蕃下）。

これらの例のように高麗《こま》とか狛など故郷の国名を氏名としたり、渡来後の地名をつけたり、あるいは身体的特色からついた通称などによって新しい氏名がつけられていて、八坂氏ももとは高麗か狛氏だった可能性がつよい。

平安後期の例になるが、康和三年（一一〇一）に山城国雑掌狛《こま》成安が法観寺の燈分の稲として、合わせて四百八十束を進上したことが東寺の百合《ひゃくごう》文書でわかる（『平安遺文』四巻）。この文書では法観寺の下に「字八坂」の註記があるので八坂の法観寺であることが示されている。

この史料によって一二世紀になお狛氏をなのっていた者がいたのであって、八坂氏に改姓しなかった者のいたことが推測できる。

法観寺は七世紀末には瓦葺きの伽藍として建立された。このことはよほどの財力をもった豪族が関与したか、よほどの功績のあった豪族が関与したかのいずれかであろう。天武朝は仏教の興隆につとめ、実際そのころの建立とみられる寺や寺跡は各地にある。その意味で八坂寺は注目に値するし、その建立で大きな役割を果たした八坂造または八坂馬養《うまかいのみやつこ》造をさらに解明する必要がある。

霊山《りょうざん》と霊鷲山《りょうじゅせん》

八坂の塔から東の方向に東山を登っていくと東山三十六峰の一つの霊山《りょうざん》があり、その山道沿い一体が霊山町である。現在は山麓のやや北寄りにコンクリート製の霊山観音ができたため、その付近を霊山とおもいやすいが、それではない。霊山の歴史は平安時代に遡る。

『枕草子』二〇八段には「寺は壺坂、笠置《かさぎ》、法輪。霊山は釈迦仏の御住みかなるがあはれなり。石山、粉河、志賀」とあって、霊山を釈迦の故事に結びつく地と意識している。

ちなみに壺坂は奈良県、笠置は南山城、法輪は嵐山、石山と志賀は滋賀県、粉河《こがわ》は和歌山県にある寺である。

清少納言が霊山を「釈迦仏の御住みか」と書いているように、霊山は霊鷲山といって略して鷲山とか鷲の山ということもある。もとはインドの摩掲陀国《まかだ》にあって釈迦が説教をした聖跡で、山の形が鷲に似ているとも鷲が多くすむともいわれている。

南山城の和束町《わづか》にも鷲峰山《じゆぶせん》とよぶ山岳信仰の霊地があって、山頂に三重塔の聳《そび》える金胎寺《こんたいじ》がある。役《えん》の行者がひらき、泰澄《たいちよう》が再建したという伝説をもち、後醍醐天皇が元弘元年（一三三一）に都落ちするとき、最初に入ったのが和束の鷲峰山だと伝えている（『太平記』）。

このように、山城国には南北にそれぞれ仏教の聖地としての霊山があった。話を東山の霊山に戻す。

平安時代に霊山に釈迦如来像を祠る寺が建立され、霊山堂とも霊山寺ともよばれ『枕草子』にも近畿の代表的な寺としてあげられるほどになった。とはいえ境内が広大で多くの堂塔をもった寺ではなさそうで、釈迦の伝説と結びついたことと、この寺からの眺望のよさもあって有名になったのであろう。

『更級日記《さらしな》』にも筆者が霊山に詣でる件《くだ》りがある。「いとくるしければ、山寺なる石井《いわい》によりて手を掬《すく》ひつつのみて、此の水のあかずおぼゆるかなといふ人のあるに」のあとに歌を一つよんでいる（歌は略す）。

ぼくも一〇年ほど前に訪れたことはあるが、坂道が急で「いとくるし」を実感できた。しかし『更級日記』の筆者もさきほどの文のあとに「都の方ものこりなくみやらるるに」と風景のよさを記している。なお筆者が水を掬《すく》って飲んだ石井はいまでは所在不明である。だが霊山寺を山井寺ともいった（『明月記』）ことがあるように、昔はその井戸はよく知られていたようである。

霊山寺がすたれたあと、新興の時宗《じしゅう》の僧国阿《こくあ》が寺を復興し、正法寺というようになり、いまにいたっている。ぼくが前に訪れたのはこの正法寺だった。残念だったのは当日は誰も寺におられず話は聞けなかった。

時宗《じしゅう》は鎌倉時代に伊予（愛媛県）の河野氏の出である一遍《いっぺん》がはじめ、空也《くうや》の踊念仏の系譜のうえに発展した。一昼夜を六時にわけて不断念仏につとめる集団をいい、六時衆を略して時衆といった。そこから時宗とよばれるようになった。また一遍に率いられた男女の集団はよく旅をし、そのことを遊行《ゆぎょう》ともいった。旅をすることが人生そのもので、日本人の一つの特色となっている。国阿《こくあ》は国阿弥陀仏《こくあみだぶつ》ともよばれ、伊勢神宮を信仰し、たびたび足駄をはいて伊勢参詣にでかけたという。

正法寺と柏のお札

あるとき旅の途中で死んだ女にであった。するとこれから神社に詣ることを忘れてその屍を葬ってやった。当時はこのようなとき穢《けがれ》をおそれ、通りすぎるものだった。だが国阿は死体を片付けてやった。このことがあってから国阿は人びとから尊敬されるようになり、いつしか伊勢詣りに行く者は、正法寺でお札をもらうことが流行しだしたという。

明暦四年（一六五八）に刊行された『京童』には霊山で人びとがお札をさずけられている挿絵をのせている。お堂の中に僧が座っていて人びとが礼拝し別の僧からお札をもらっているという図柄である。お堂の中の僧らしく見えるのは、国阿の木像かもしれない。黒川道祐の『雍州府志』の正法寺の項には、伊勢詣りの人たちは必ず国阿堂に詣り、国阿の木像を拝み国阿が旅で使った木履や杖を戴《いただ》いて行路の無事を祈願したという。戴くとは頭上にさしあげて拝むことである。

正法寺で授けたお札は「柏のお札」といって柏の葉の形のなかに「伊勢熊野参詣輩」「許永代汚穢《おえ》」（永代の汚穢を許す）の字を刷っていて、その原版がのこっているという。おそらくもとは柏の葉に墨で字を書いていたのであろう。柏の葉は今日柏餅で使われている。

この寺から見回す風景がよいので、江戸時代には塔頭《たっちゅう》が座敷を貸すようになり、精進料理をだすなど遊興地になりだしたという。時宗の塔頭《たっちゅう》はそれぞれの住職の名によって、丹阿弥、重阿弥、与阿弥などとよばれるようになった。

このことは円山の時宗の安養寺でもみられ、いまも料亭の名になっているところもある。ぼくもずっと前に大学の文学部の懇親会で円山公園の料亭「左阿弥《さあみ》」を訪れたことがある。まだ時宗以来の歴史を知らなかったころだったから、料理をだしてくれる男衆たちの作務衣《さむえ》を不思議におもったことがある。

長楽寺

円山公園の南東の東山の中腹に石段をのぼると長楽寺《ちょうらくじ》がある。時宗の寺だから、北から安養寺、長楽寺、正法寺と時宗の寺が南北に点在している。

『今昔物語』巻十二に姥捨山《うばすて》をおもわせる話がある。

長楽寺の僧が仏に供える花を採ろうと山に入った。日が暮れたので樹の下に野宿した。亥の時（夜の一〇時ごろ）にどこかから幽《かすか》に法華経を唱える声が聞こえてくる。昼はこの辺りに人がいなかったのにと奇異にはおもったが、聞こえてくる。仙人がいるのかとも考えてみた。音のするほうへ歩いていくと、小高くなったところに岩があって年六〇ばかりの女法師がいた。女法師は俗世に未練をのこしながらもここで死がくるのを待っているのであろう。女は以上のことを話す

正法寺でお札をうける旅人（京童）(右) とお札 (左)

と山深く入っていったという。僧はこの話を弟子たちにした。入定《にゅうじょう》を覚悟した尼だろうと噂したという。

文治元年（一一八五）に平家一門が関門海峡の壇ノ浦で亡んだとき、安徳天皇の母の建礼門院も海に身を投げた。女院の父は平清盛で高倉天皇の中宮である。入水《じゅすい》のあと源氏の武士が熊手で引きあげ都に帰っていった。

『平家物語』では、女院は文治元年五月一日に御ぐしをおろした。そのさいの御戒師《かいし》が長楽寺の上人印誓《いんせい》（西）で御布施の安徳天皇の直衣《のうし》は仏具として幡に仕立てて長楽寺の仏前にかけたということである。長楽寺には女院のお髪を埋めたという十三重の石塔が本堂の北側にあるし、直衣で作った幡も伝えられている。この寺の収蔵庫では一遍上人や代々の遊行上人の木像も拝観することができる。この一遍上人像は上人を描いた『一遍上人絵詞伝』の一遍の姿とよく似ていて面白く感じた。

『平家物語』ではこのように建礼門院にゆかりのある寺として長楽寺があらわれる。いずれ大原の寂光院のところで女院のことにふれるので、さきに長楽寺を見学しておくのもよかろう。相阿弥が作ったと伝える方丈《ほうじょう》の庭も、小ぢんまりとしていて清々しさを感じた。

12章　祇園社をめぐって

八坂神社と感神院

八坂神社という称号は明治新政府の神仏分離（判然）の方針によって明治元年（一八六八）に改められたもので、それ以前は神仏が習合した信仰の聖地だった。神のほうに重きをおいていうと祇園社《ぎおんしゃ》、仏のほうに重きをおいていうと感神院《かんしんいん》または祇園感神院の称号がずっと使われてきたのだった。

明治以前の祇園社には、今日絵馬堂のあるあたりには多宝塔が聳えていたし、大国社のある背後には薬師堂があるなど、現在の八坂神社の光景からは想像しにくい。薬師堂にあった薬師如来・観音菩薩・十二神将などは明治以後に浄土宗の大蓮寺に移された。

さらに南の楼門を入った境内の西隅には大きな鐘楼があった。建物は明治初年にとりこわされたが、室町中期の延徳四年（一四九二）の鋳造銘のある高さ一九三センチの大釣鐘は幸い八坂神社すぐ南側にある大雲院の鐘楼に釣り下がっている。

大雲院は明智光秀に殺された織田信長、信忠父子の菩提を弔うため正親町《おおぎまち》天皇によって建立され、もと寺町四条（高島屋の南側）にあったのを昭和四八年に現在地に移った。そのさい、昭和三年に大倉喜八郎が祇園祭の鉾の外観になぞらえて造った、高さ三四メートルの建造物としての祇園閣をも取りこんでいて、落着いた境内になっている。

この釣鐘の下る大鐘楼は神仏習合下の北野寺ともよばれた北野天満宮から神仏分離によって大雲院に移されたものである。豊臣秀頼が慶長一二年に社殿とともに建立した桃山様式の建物で、もと感神院にあった鐘楼の規模を推測するのに役立つ。鐘楼の正面上部にはみごとな蟇股《かえるまた》の彫刻があるし、屋根瓦には天満宮の梅鉢の紋がつく。なおこれらは常時は公開されておらず拝観には許可が必要である。

このようにいまの八坂神社から仏教色は抹殺されてしまったけれども、歴史をさぐるためには神仏の混合した形態を頭に浮かべる必要がある。これは八坂神社だけではなく、宮寺ともよばれた石清水八幡宮や北野寺ともよばれた北野天満宮、さらには上下の賀茂社にもいえることである。

八坂神社へ詣るたいていの人たちは四条通りを東へ進むだろう。東山道《ひがしやまみち》に突きあたると石段があって、その上に左右の翼廊を配した朱塗りの楼門（西門）がある。この門は東山の代表的な景色として親しまれているが八坂神社の正門ではない。応仁の乱後の明応六年（一四九七）の建築である。なんだ一五世紀末かと思う人もあるだろうが、コロンブスがアメリカ大陸に上陸したのはその五年前だからじゅうぶんに古建築といってよい（現在、解体修理中である）。

細かいことをいうと、この門は中世から現位置にあったのではなく、大正二年の道路拡張で東へ六メートル移されていて、そのさい翼廊がつけられた。

西門はさきにもいったように正門ではないが、平安京域からの参詣者が増えるにともなって早

元感神院の鐘の下る大雲院鐘楼（鐘楼は北野天満宮から移築）

くから門が設けられたようである。平安後期から鎌倉初期の歌人である藤原俊成は「霧の内も　まつ面影に　たてるかな　西の御門の　石のきさはし」の歌にこの門をよんでいる。さきほどいった薬師堂は西門を入ってすぐの場所にあった。薬師如来を祠《まつ》る堂で、疫病の流行を鎮めるために安置したとみられることも留意しておいてよいことであろう。

八坂神社の正門と八坂郷

八坂の塔として親しまれている法観寺（八坂寺）のほうから北へ道をとってくるとまず八坂神社の鳥居がある。一七世紀に建てられたものだが堂々とした鳥居である。いまは「八坂神社」の額をかかげているが、明治以前は「感神院」の額だった。

　鳥居をくぐるとすぐ明治一二年に再建された南の楼門があって、これが八坂神社の正式の門である。この楼門は八坂神社の入口にふさわしく豪華な建築で、明治の建築とはいえそれ以前にあった楼門の構造をよく伝えている。ぼくには神社の正門というより大寺院の正門の趣があるように見える。南の楼門から入るとすぐ前に舞殿があってその北側に本殿がある。つまり八坂神社の本殿は南に面しているのである。

このように本殿が向っている方向とか正門や鳥居がある位置からみて、本来この社にたいする信仰は愛宕郡八坂郷や愛宕郷の人たち、つまり八坂馬養造《やさかうまかいのみやつこ》や山背国造《やましろのくにのみやつこ》家の人たちがおこなっていたと推定される。

ひと昔前の人たちが祇園社へ詣ることを「お山へ」といったように、本来は山や杜《もり》への信仰だった。前にふれたことだが郡名や郷名のオタキはこの地の地形や樹相からついた御嶽だったとぼくは仮定している。それとこの社から見上げる東山連峰の一つとしての円山《まるやま》は、それほどの高さはないけれども神奈備《かんなび》山にふさわしい整った山容がある。古文献によく祇園林という記載があるのは山の樹相からの言葉であるし、山麓には眞葛原《まくずがはら》といわれた景観もひろがっていたのだろう。

もう一つ見落とせないのは湧水である。安養寺門横の弁財天社境内には吉水《よしみず》の井があって、天台の僧慈円（慈鎮）が一時この井戸のほとりに住んでいたので吉水和尚ともいったという。この井戸の水はいまでは涸れているが、天台の門跡《もんぜき》寺院である青蓮院《しょうれんいん》の儀式にもこの井戸の水を使うしきたりがあったなど、よく知られた名水だった。なお井戸の近くに石囲をした泉と慈鎮の塔とよぶ鎌倉時代のみごとな宝塔がある。

八坂神社東方の円山公園のなかには、自然の湧水をたたえたとみられる二つの池があるし、何よりも八坂神社の本殿の内陣の下には池があることを、前宮司の鈴木日出年氏は記している

（「祇園祭と八坂神社」講座記録『祇園祭』）。さらにこの池は龍宮に通じているという古伝もあった。

ここで池というのは、そのものの湧水能力によって水を貯えることのできる泉池であるから、この社の原初形態は泉池そのもので、やがてその泉池の上に社殿を営んだのであろう。社伝では、この池の水はのちに述べる平安京の神泉苑の水と地下で通じているという。そのことは祇園祭の起源にも関係しそうである。

吉水の井戸（下）とその山側にある泉（上）

スサノヲの命と蘇民将来の茅の輪

ぼくはいままでの記述でそれぞれの神社の祭神にはあまりふれてこなかった。古くから神々のことを「八百万の神」（記紀神話）というように神々の数は無数であるし、山や海、森や一本の木、はては大石にいたるまでを神とみたのであり、そのような人々の自然にたいする畏敬の念をぼくは大切にしようと思っている。とはいえ歴史をさぐるため八坂神社の祭神にふれておこう。

現在では八坂神社の祭神は、スサノヲ（素戔鳴）の命《みこと》とその妻クシイナダ（櫛稲田）姫の命、二人の子である八柱の神々とされる。

スサノヲは天照大神の弟神であるが、神話での活躍の地は主に出雲であり、新羅へも行ったことになっている。クシイナダ姫は出雲で登場し八岐大蛇伝説ではあやうく大蛇に食べられるところだった。

だが複雑なことに史料を遡ると、祇園社の祭神は牛頭《ごず》天王となっている。牛頭天王は本来、祇園精舎の守り神とされ、それが神仏習合によって日本ではスサノヲのこととされてくる。

平安後期にできた辞書である『伊呂波字類抄』では、牛頭天王を天竺北方の国の王とし、またの名を武塔天神で八王子を生んだとしている。その武塔天神によってつぎの有名な蘇民将来《そみんしょうらい》の伝説へとつながってくる。

蘇民将来の伝説は、スサノヲに関連して『釈日本紀』が引用している「備後国風土記」の逸文にみられるものである。

どうしてこのような話を引用したかといえば、『日本書紀』の神話では高天原を追放されたスサノヲが旅の途中で宿を借りることを願ったが、衆神が拒否したという件についての説明としたのである。『釈日本紀』は鎌倉時代に卜部《うらべ》兼方が著した『日本書紀』の詳しい注釈書で、そこに多くの風土記逸文などが引用されている貴重な文献である。兼方の著述ではあるが、長年、神祇官をつとめた卜部家の知的蓄積が結集されている。なお『徒然草』を著した卜部（吉田）兼好も同族である。

話を要約しよう。それは備後国にある疫隅国社《えのくまのくにつやしろ》の説明としての伝説である。北の海にいた武塔神が南の海の神の女子によばいにでかけ日が暮れた。その土地に二人の将来（人のこと）がいた。兄の蘇民将来は貧しく弟の巨旦将来は金持である。武塔神が一夜の宿を頼むと弟はことわり、貧しい兄が宿を貸してくれ、粟飯を供したり粟柄の座（敷物、寝具のことか）もととのえてくれた。

何年かしたとき武塔神は八人の子をつれてもどってきて、蘇民将来が前に宿を貸してくれた礼として茅《ち》の輪《わ》を腰につけるようにといった。その通りにすると蘇民将来と一人の女子のほか全員が（疫病によって）死んでしまった。そのとき武塔神は「吾はスサノヲの神なり。後の世に疫気あらば蘇民将来の子孫といって茅の輪を着ける人は免れなむ」と詔《の》りたもうた。この話のあとに兼方は「先師申云。此則祇園社本縁也」としているから、卜部家に伝えられた見解であることがわかる。

この話によって武塔神とスサノヲがつながり、ひいては牛頭天王ともつながる。スサノヲが天照大神と天眞名井《あめのまない》で誓約《うけい》をした時に生まれた神のなかに、凡川内直《おおしかわちのあたい》と山代直《あたい》の祖がでている。

山代直はさきに述べた山背（代）の国造家である。

疫隅《えのくま》国社は広島県福山市町戸手天王にある素盞鳴《すさのお》神社で、明治以前は祇園社、天王社、江熊牛頭天王社などとよばれていた。当社の祇園祭は備後地方の夏祭りとして賑っている。

以上の蘇民将来の話に似た伝説は『常陸国風土記』にもでていて、ここでは福慈《ふじ》の岳《やま》（富士山）と筑波の岳が「新粟嘗《にいなめ》」の日に神へ宿を貸すことになり、福慈の岳がことわり筑波の岳が宿を貸し、その結果、いまにいたるまで筑波の岳には人々が大勢訪ねることになったとしている。『備後国風土記』と『常陸国風土記』の話では、見知らぬ神に宿を貸すことと拒否することが吉凶の運命の分かれ道になるとともに、どちらも粟があらわれ、新嘗《にいなめ》の字のあいだにわざわざ粟の字をつけて粟の収穫を強調している。ぼくは日本の基層作物としての粟を重視してよいとみている。

いずれ述べるが愛宕郡には上下の粟田郷があり、その範囲の南端は八坂神社のすぐ北東の粟田《あわた》口《ぐち》の地名にうかがえる。この粟田郷は名族粟田氏の本拠地で、遣唐執節使として入唐し名声をひろめた粟田真人を生みだした土地である。蘇民将来の話に粟の重要性が語られていることとともに、粟田の地名との関連も記憶しておいてよかろう。なお鎌倉時代ごろの祇園社の御霊会《ごりょうえ》（祇園祭の前身）のとき、四条京極において粟御飯を供えるという伝承があったことを、さきほどの『釈日本紀』の文章は書きそえている。鎌倉時代には八坂神社の四条お旅所の西北に四条京極篝《かがり》屋《や》がおかれた。なおそのお旅所の位置はその後点々と移動し現在は四条通寺町南側にある。

ぼくが京都に住みだしたころ何度も八坂神社を訪れた。気がつくと社務所の売店に八角柱のお守りがでていた。さっそく一つ求めた。高さ七センチ、径五センチの木製品で、各面の下の三分の二が交互に青と赤に塗ってあり、上の木地の部分に一字ずつ「蘇民将来之子孫也」の字を墨で書いていて、裏面に八坂神社の焼印があった。学術資料として求めたのだが、そのおかげによるのかぼくも疫病からいままで逃れることができた。

　西の楼門を入るとすぐに疫《えき》神社があって蘇民将来を祠《まつ》り、一月一九日と七月三一日の午前一〇時には鳥居に茅の輪をかけ粟餅が供えられる。「七月中一ヵ月にわたる祇園祭は、この疫神社の夏越祓《なごしのはらえ》で終了する」と八坂神社編の『八坂神社』（学生社）で述べられている。そういえば祇園祭は本来疫病をよけるための祭礼だったのである。

　京都に住みだした当時、毎年の大晦日の夜は妻と八坂神社へ詣って白朮《おけら》火をもらって帰った。この火は神職が古式にのっとって火鑽《ひきり》杵と火鑽臼でおこした火を、白朮や檜の削りかけをいれた釣燈篭にともす。人びとは争ってその火を輪にした竹製の火縄に移し、それを消えないように回しながら家へもって帰り、その火でそれぞれ新年の雑煮を炊くのである。

　白朮は食用にもなるが薬草である。どうして八坂神社の神事に白朮が使われだしたのかはまだ確かめていない。天

八坂神社で求めた
蘇氏将来のお守

武天皇が病気になったとき、百済の僧法蔵が美濃国で白朮を煎じて献上している（『日本書紀』）。伊吹山の薬草であろう。

それにしても、いまではマッチやライターで簡単に火は作れるが、古代には採火はたいへんだったし、火種を大切に保持するのも火（日）継《つぎ》としての司祭者の役割だったと推定される。八坂神社で神火をわけてもらい、それぞれの家に持って帰るのは古くからある習慣のようにおもえる。井原西鶴は『世間胸算用』のなかでこの行事を「けづりかけの神事」といい、闇夜に悪口をいいあう習慣のあることを述べている。ぼくはここ数年来は足腰が弱まり、参詣者で混雑する白朮詣《おけらまい》りへは行かなくなった。でもがんばってまた詣でてみよう。

祇園祭とぼくの視点

七月一七日は祇園祭の山鉾《やまぼこ》巡行の日である。この日はぼくの誕生日でもある。山鉾巡行は動く美術館といわれることが多いが、ぼくはだんだん動く歴史博物館だと感じるようになった。見物人はつい山鉾を飾るみごとな染織物の掛物《かけもの》に目を奪われるが、ぼくの視点は少し違う。

浄妙山《じょうみょうやま》が江戸時代の天保年間にヨーロッパから輸入したピラミッドの風景のある掛物は鎖国下の京都人の国際感覚を知るうえで貴重である。占出山《うらでやま》が用いる紀州の隅田《すだ》八幡宮に伝わる癸未年の干支銘の画像鏡を織りだした掛物も、京都人の知的感覚をはかるうえで重要である。また油《あぶら》天神山が使っていたアイヌの豪族がときの中国政府からもらった官服で仕立てた掛物は、蝦夷《えぞ》錦《にしき》とよばれたもので、日本文化にとっての北方からの文物の流入とそれへの京都人の関心を知るうえでも見逃せない学術財であり、これらの例からもぼくが動く歴史博物館という意味を察してもらえるだろう。
すでにふれたことだが、山伏山で山伏というのは、八坂の塔の傾きを法力で直したという浄蔵貴所である。その浄蔵のいた雲居寺《うごじ》を、いずれ述べることだが弘安七年（一二八四）に一遍上人は訪れている。もちろん浄蔵はすでに亡くなっているが一遍も浄蔵に関心をもったのであろう。もう一例を示すと占出山《うらでやま》である。この山は神功皇后の朝鮮半島への出兵の前に、松浦（唐津付近）の川で鮎釣りをして吉凶を占ったとする『日本書紀』に記載する故事を主題としたものであって、この山のご神体（人形）は釣姿の神功皇后である。

以上のように山鉾巡行から歴史を読む場合、人が曳く豪華な鉾だけでなく、人がかついで動かす山にも見逃せないものが多いことは注意してよい。ところで山鉾と一言でいうけれども、それは山と鉾《ほこ》を一緒にしていっていることで、以下山と鉾を別々にして解説しよう。

長刀鉾（(財)祇園祭山鉾連合会『祇園祭大展—山鉾名宝を中心にして—』）

鉾からみよう。鉾（矛）は槍と同じように相手を突きさす武器である。ただしヤリという発音は古代にはなく、天日槍と書いている場合でも「アメノヒボコ」と発音した。

鉾は本来中国では武器だったが、弥生時代に北部九州で製作されはじめるとまもなく巨大化した祭器として製作されるようになった。仮に中国人がこの鉾を見たとしても理解できないような人を突きさす機能を失った武器型の祭器となっていたのである。余談になるが『魏志』倭人伝のころにはこのような巨大化した銅鉾が使われていたと推定される。このような祭器化した銅鉾《どうほこ》を考古学ではキッサキ（鋒）が鈍くなったという意味で広鋒《ひろさき》銅鉾とよんでいる。

神話でも男神イザナキと女神イザナミとが結合（婚・まぐわい）して国土を生む国生みにさいして天之《あまの》瓊《ぬ》鉾《ほこ》を用いている。海をかきまぜる鉾の鋒《きつさき》からしたたった潮が凝りかたまって嶋が次々にできている。天（あま）は神のものにつく形容詞であり、瓊《ぬ》鉾《ほこ》の瓊から玉のついた鉾の意味かとおもうけれども、発掘状況では広鋒銅鉾に玉のついた例はなく、この言葉の意味はなお究明課題となる。時代が下って六世紀ごろの古墳の出土品に水晶製の三輪玉で飾られた鉄刀はよくある。このような玉飾りのある鉄刀はのちに伊勢神宮の神刀にも遺風がうけつがれている。ただしそれは刀であって鉾の例ではない。

いまに生きていた広鋒銅鉾

鉾と祭りに関してぼくの体験を語っておこう。広鋒銅鉾は北部九州、とくに対馬に多く、なかには神社の神宝になっているものもある。北部九州のほかでは四国の南西部でも約八十本出土している。ここで四国の南西部というのは愛媛県南西部と高知県西部である。

愛媛県南西部の宇和町（現在は西予市）は広鋒銅鉾が多数出土しているところである。宇和町は卯《う》之町ともいったことがあり、江戸時代にこの町で生まれた二宮敬作は、日本人で初めてヨーロッパで編纂されたライプチヒ版『ドイツ人名事典』に名が紹介された。そのような蘭方の町医者のいた町である。

弥生時代から特異な文化の発展をつづけた土地で、ぼくは地域史から注目している。一九八三年に地元の門多正志氏の案内で町内とその周辺をまわったことがある。この日記憶にのこったのは、上松葉という土地に湧水の泉があってその周辺で何本もの広鋒銅鉾が出土していることだった。この例に限らず、南伊予や西土佐での広鋒銅鉾の出土地が水の祭祀にかかわったとみられる例が多いことは、高知県の考古学者岡本健児氏が早くから指摘していることであり、京都の鉾を考える場合の参考になる。

高知県高岡神社・秋祭での銅鉾
（1990年11月15日撮影）

高知県高岡郡窪川町に仁井田の五社大明神ともよばれる高岡神社がある。この神社の秋の祭礼で弥生後期の広鋒銅鉾が使われていることは書物で知っていた。遺品としての銅鉾については説明されていたが、祭礼においてどのように使われているかの記載はなく、しだいにぼくの関心は高まった。

一九八九年に「四万十川の古代文化」（『春秋生活学』四号）を執筆するさい、高岡神社を訪れ本殿内の壁に立てかけてある五本の銅鉾を拝見できた。弥生時代の祭器が現代にどのような形で生きつづけているのか、いっそう祭礼を見たくなり、その翌年の一一月一六日の秋祭りを見学することができた。

この年には文化財としての銅鉾の貴重さがいわれだしたこともあって、一本だけが男性に担がれて御輿とともに巡行の列に加わっていた。弥生時代の銅鉾を背広姿の男性が担いでいる光景はかなりちぐはぐで、いっそう面白さを感じた。

高岡神社では窪川地方の五つの小地域（それぞれ一〇から二〇の集落からなる）のための五つの社殿が横一列に並んでいて、それぞれの社の象徴として一本ずつの銅鉾があり、数年前までは祭りには五本の銅鉾が参加していたのである。この年は一本だけになっていたが、銅鉾が担《かつ》がれている光景を見られたのは幸運だった。

広鋒銅鉾は巨大化して製作されているのは知られていたが、巡行の列のなかではその大きさもあって離れた場所からでもよく見えた。広鋒銅鉾は見せるため、つまりよく見えるように巨大化したのであろう。

広鋒銅鉾の茎《なかご》（柄に挿入するソケットの部分）はごく浅く、ときには鋳物土がつまったままの例があって、鉾だけでも祭器として使われたことは推定できるが、高岡神社の例では茎の挿入はごく浅いけれども、人が担ぐ程度なら柄に装着できる。もちろん武器として振り回すことはできない。

ずっと以前に滋賀県水口町の歴史民俗資料館で、その町の儀峨《きが》大宮ともいう八坂神社の祭礼で使われた五本の鉄鉾を見たことがある。鉾全体を青色に塗ってあって、まるで銅鉾のような色だったことが印象にのこった。ただし銅鉾の色といっても鋳造直後の色ではなく、土に埋まって錆がでた色である。なおこの神社の祭礼でも五本の鉄鉾はそれぞれの村の象徴であって、高岡神社の祭礼に共通点がありそうである。帰りに神社を訪れてみたが、スサノヲを祭神としていて入口に石造の反橋《そり》があるなど、なかなか立派な神社であった。

京都市右京区西院《さいいん》の春日神社の祭礼を見たことがある。長い刀というか鉾というか、よくしなる武器型の祭器がたくさん使われていた。ここでも祭器がよく見えるように、長く大きく作ってあるのが印象にのこった。

播磨の広峯神社と祇園

祇園祭にでる山は、がいして鉾《ほこ》(鉾とよぶ山車《だし》、以下、鉾山という)よりも小さい。山は人が担いで移動するのが大半だが、岩戸山、北観音山、南観音山のように車輪がついていて人の曳《ひ》く山もあって、厳密には区別しにくい。鉾とよばれるものにも綾傘鉾と四条傘鉾には車輪はない。

山は移動する祠《ほこら》のある人造の山、つまり作り山のことで頂に山をあらわすため松の枝を立てる。占出山はとくに黒松を立てるし霰《あられ》天神山では松だけではなく梅や榊を立てる。油天神山でも松のほか梅の枝を立てる。木を立てて神が降臨していることをあらわすのだから、標山《しめやま》といってもよかろう。

鉾山の場合にも二階になった屋台の屋根に長い真木を立てる。巡行の先頭にたつ長刀鉾《なぎなたほこ》は真木をいれると二一・七六メートルの高さがあって、真木の中央に榊《さかき》の枝を着ける。屋台の二階には囃《はやし》方《かた》がのり、長刀鉾には稚児《ちご》と禿《かむろ》が乗る。

何年か前の七月初めに、仕事場のある御幸町《ごこまち》で散髪をしようと理髪店に入った。先客がいたが稚児になる子供だった。この店の主人は稚児の髪の整え方を知っている人で、京都に住んでいることを実感できた。

日本人は縄文時代から人造の大きな構造物を作った。青森県の三内丸山遺跡の巨大な柱で組んだ望楼が代表例である。古墳時代には前方後円墳という土を積んだ山をよく作り、築山、作山、造山などとよばれている。さらに人を葬るにさいして古墳の濠端に材木を使って一時的に構築物（山）をこしらえたことがあったらしく、奈良県広陵町の巣山古墳の濠のなかに直弧文の彫刻のある大きな加工材が乱雑に捨ててあるのが見つかったことがある。おそらく一時的に濠端に作られていた山状の施設（喪屋《もや》か）を、用がすんだあと解体して濠に投げこんだのであろう。まだどんな形の施設かはわからないが人造の山の一種であろう。

現在各地でおこなわれる祭礼で、大きな山をこしらえる例がある。兵庫県姫路市にある播磨の総社としての射楯《いだて》兵《ひょう》主《ず》神社の三ツ山祭は壮観である。この祭は平安時代に発祥したと伝え、二一年めと六一年めにおこなわれる。この山は祇園祭の山のように動くのではなく、境内に置山として飾られる。山は木や竹で円筒形の大枠を作り、その上を色のついた布を張り松の枝をさし頂に注連縄をめぐらせた小祠を配する。高さ二〇メートルほどの巨大な作山である。

ここで播磨が関係してくることは注意してよかろう。すでに述べたように、蘇民将来の伝承に関連しての素盞鳴神社は播磨の西にある吉備のうちの備後にあったし、巨大な山を作る射楯兵主神社が播磨にあることで、八坂神社の社伝をおもいだす。この社伝は室町時代の「二十二社註式」にでているのである。二十二社とは朝廷がとくに奉幣《ほうべい》した神社で、賀茂上下《かみしも》をはじめ稲荷、貴布禰、平野、松尾《まつのお》、北野、吉田、梅宮などとともに祇園社がみられる。祇園社の伝承をみよう。牛頭《ごず》天王は初め播磨国明石浦に垂迹《すいじゃく》し、広峰に移り、そのあと北白川の東光寺に移り陽成天皇の元慶年間に感神院に移った。

元慶は九世紀後半(八七七年から八八五年)であるが、明石浦がでていることが注目される。明石は畿内と畿外の境にあって、異国から鉄人が襲来したとする伝承のある地である(河野氏の家伝をのせる『予章記』)。

広峰社は姫路市の広峰山に鎮座する広峯神社のことで、素戔嗚を祠《まつ》り牛頭《ごず》天王ともよばれた。この神社の大別当職は凡河内《おおしこうち》氏系の人が務める。凡河内氏と山背直《やましろのあたい》(国造《くにのみやつこ》)氏との史料のうえでの共通点はすでに三回指摘していて、研究の発端となる。

問題は北白川の東光寺の記載である。これについてはすでに『八坂神社』で指摘されているように、東光寺と同じ岡崎天王町にある岡崎神社のこととみられ、この神社はもと東光寺の鎮守として東天王社であった。注目されることは北白川はもとの粟田郷内にあったことである。そのことからあとに述べるように八坂神社の信仰が発展してくる過程においての粟田氏の関与も垣間見えてくるようである。

13章　建仁寺を見なおす

建仁寺と鎌倉の武士たち　建仁寺はわが国に臨済宗を伝えた栄西がひらいた禅の大寺である。栄西《えいさい》は「ようさい」とも発音し、備中の賀陽《かや》（賀夜）氏の出である。賀陽は朝鮮半島南部の伽耶（加羅）と関係のある地域名とみられる。

寺の名称に元号の建仁をつけているように、建仁二年（一二〇二）に創建された。元号を寺の名とすることは最澄による延暦寺に先例があるし、徳川幕府の寛永寺も名高い。そのときの政権との強い結びつきがあって起きるのである。建仁寺も将軍源頼家からの広大な寺地の施入によって創建されたのである（『元亨釈書』）。頼家は伊豆の修善寺で非業の死をとげた。しかし立派な寺をのこせたことは生きた証になった。頼家だけでなく、武士らしい生きざまをしたとおもう畠山重忠もこの寺の門や塀を作るなどで合力をした。その重忠も北条義時によって殺されている。

寺名の発音はケンニンジだが、地元の祇園町ではケンネンジと発音している。ぼくの印象にすぎないが昔からの町並みのそろっている祇園町は、八坂神社の門前町と書かれることは多いが建仁寺との関係も考えたほうがよさそうである。

建仁寺の勅使門（六波羅邸の門と伝える）

この寺の南の八坂通に面した勅使門（南門）を見るのをぼくは好きである。「矢の根門」とも「矢立門」ともよばれ、合戦に耐えぬいたらしい切妻造の銅板葺の四脚門である。四脚門とはいえ構造は複雑で、見かけのうえでは六本の柱がある。ただし中央の二本には礎石はなく厚板の上にのっている。

この門は建築学から鎌倉後期または室町初期の建物といわれるけれども、寺伝では平重盛の六波羅邸の門または平教盛の館門を移したという。『山城名跡巡行志』でもこの門を「古ニ六波羅御所之門也」としている。ぼくは質実剛健な武家の門というより、公家文化に傾倒した没落期の平氏の門にふさわしいという印象をうける。建物は百年か二百年がたつと大修理をして後世の手が次々に加わる。どの部分をもってその建物の創建時の年代の決め手とするのか検討の余地があるようにおもう。それと平安末ごろの基準となる門はどこにあるのか、見れば見るほど愛着のつのる門である。

京都に生まれた文化史学者の林屋辰三郎氏（故人）

は著作の『京都』(岩波新書)のなかで、この門を室町時代の唐様の四脚門とはしながらも重盛の六波羅第から移したという「伝説がなにかわれわれの心をうつところにこの寺の土地柄が感じられる」と述べておられる。ここでの土地柄とは六波羅に近いということであろう。

伝説に歴史を読むことはまだまだ軽視されている領域である。ぼくは最近東大路まで出る機会にはタクシーの運転手に建仁寺の勅使門を通ってもらい、停車して眺めることにしている。平氏の都落ちにさいして六波羅の屋敷などはみな焼き払ったと書かれている(『平家物語』)が、焼け残った門があったのではなかろうか。

風神雷神図と大風伝承

栄西が建仁寺の建立を始めたころ、鎌倉幕府との結びつきもあって京の人びとは好感をもたなかったようである。たまたま大風が吹いて町に被害がでた。すると人びとは異国帰りの大袈裟大衣を着た栄西らの僧達が風を呼んだと噂をした。弥生時代や古墳時代にも袖の大きな衣を着た司祭者の画や埴輪があって、袖は風をよぶものとする迷信があったのであろう。

そのとき堀川で材木を買い集めていた栄西は、自分は風神ではない、どうして風を吹かせることができようかと明晰に説明して、人々を感服させたという。

よく知られているように、建仁寺には琳派の創始者、俵屋宗達《そうたつ》が晩年に描いたとされる「風神雷神図」の二曲屏風がある。ぼくは戦後早くおこなわれた日本の国宝展でこの屏風をみて、宗達の力量に圧倒された強烈な記憶がある。そのような美術の観点を別にして、どうして風神雷神の絵が禅の寺にあるのかはよくわからなかった。ことによるといま述べた栄西と風神をからめる話から描いた絵画ではなかろうか。すでに述べたように三十三間堂には鎌倉時代の風神、雷神像があり宗達はその影響をうけたことも考えられる。

いま述べた栄西と風神の話は『沙石《しゃせき》集《しゅう》』にでているものである。すでにふれたことだが『沙石集』を著した尾張の長母寺《ちょうぼじ》の無住は東福寺で勉強したことがある。建仁寺は栄西の死後四三年たった正嘉二年（一二五八）に、将軍宗尊《むねたか》親王の命で東福寺開山の円爾が建仁寺十世の住持となり、寺の廃退を栄進している（『東福寺誌』）。このような関係で建仁寺建立時の伝承が『沙石集』に収められたのであろう。宗尊親王は後嵯峨天皇の子で、皇族としてはじめて鎌倉幕府の将軍（第六代）になった。なお建仁寺と東福寺の関係はもう一度あらわれる。

安国寺恵瓊と建仁寺

建仁寺はぼくが散策する寺ではなかった。寺の北門から入って西門へ抜けたことは何度かあったし、作家の司馬遼太郎さんと夜遅く建仁寺の北の塀にそって歩いたときの想い出は随筆「前より迫ってきた死」（『僕が歩いた古代史への道』角川ソフィア文庫）に書いたことがある。

この秋（二〇〇六年一二月二日）、建仁寺をゆっくり見学してみた。予想とちがって見物人がかなり多かった。これは長楽寺や貴船神社でも感じたことで、京都観光と一口でいうけれどもその中身が濃くなってきた。たとえると学部を卒業して大学院で学ぶ人が増えたということであろう。

建仁寺の境内は、南門から放生池、三門、仏殿、方丈が南北一直線にならんでいる。ずっと前に中国広東省の仏山という土地でみた道教の寺（道観）の伽藍配置を想いだす。それと建物と建物との間隔がたっぷりとってあって境内は広く感じた。

三門の東には興禅護国院ともよばれる栄西を祠る開山堂があり、その南側に茶碑がたっている。源実朝の健康のため『喫茶養生記《きっさようじょうき》』を献上した栄西が偲べる。この本は建仁寺で執筆したのであろう。

本坊で受付をすませ、廊下を通って方丈《ほうじょう》へ行く。この寺は境内を歩けるだけでなく建物のなかを通ると禅の大寺を実感することができる。方丈は入母屋造りの銅板葺の屋根をもつ大建築で、屋根の勾配が美しい。建仁寺が天文年中に火災で多くの建物を失ったあと、安芸国の安国寺（広島市東区にある不動院）の建物を秀吉の時代の文禄のころに移築したものと伝える。

前に書いたように関ヶ原合戦で西軍に組して敗れ斬首《ざんしゅ》された安国寺恵瓊《えけい》は東福寺の住持《じゅうじ》をしたことがあり、建仁寺の再興にも務め、東福寺の茶堂を移して仏殿とし、さらに自らが関係した安国寺の方丈を京都に移したのである。今日のような輸送手段のない時代に、これは稀にみる大事業だったとおもう。

方丈前庭の白砂を敷きつめ青い苔でおおわれた巨石を配した大雄苑とよぶ庭は、廊下に座ってじっと眺めていると時のたつのを忘れさせる名庭である。また方丈の北の廊下には宗達の「風神雷神図」屏風の実物大の複製も飾られている。それにしても恵瓊とは不思議な生涯をおくった人である。その墓は安国寺塔といって方丈の北庭にある。

源頼家も安国寺恵瓊もともに最期ははかない死をとげた。とはいえ建仁寺を建立したり優美な方丈をのこすなど、今日までその業績は伝えられている。歴史が濃縮されたような寺だとぼくはおもっている。

一月一〇日の初蛭子《はつえびす》は昔は建仁寺夷《えびす》祭といった。この日の二日前から大和大路には露天が並び大いに賑う。ぼくもこの日売りだされる酒屋の酒粕をめあてに何度か詣でた。

恵美須《えびす》神社

この神社は建仁寺のすぐ西側に、社殿が東のほう、つまり建仁寺のほうを向いて建っているが、応仁の乱による火災の前にはこの神社は建仁寺の境内にあった。『都名所車』には栄西が中国へ海を渡ったとき、波風があらく舟中の人びとがさわいだとき、栄西がどこからかあらわれたえびすの神体を祠ったら波風がおさまり、帰国後に建仁寺の鎮守にしたという。

建仁寺の境内東側には土地堂があって、土地神として張大帝を祠っている。張大帝は中国での信仰で、これは栄西がもたらした異国の風習であろう。

14章　鴨川に架かる橋ばし

目疾《めやみ》地蔵の仲源寺と禹廟

家の隣にある東福寺を別にしてぼくがよく立寄るのは四条通南側、鴨川の東にある仲源寺である。人びとで込み合う繁華街から寺の門を入ったすぐ右側の観音堂には平安時代の千手観音坐像が目の前にある。

日のあるうちは光線のかげんでお像をはっきりとは見ることはできないが、日が暮れて電燈がつくと観音像を鮮明に見ることができる。このような立派な仏像を小さなお堂で人びとの雑踏の足音を聞きながら見ることはここでしか体験できず、ぼくの好きな京都の歴史的スポットである。古代史の岸俊男さんを一度お誘いしたら、たいへん喜ばれた。それから間もなく岸さんは他界された。

境内の正面にある本堂には地蔵菩薩が祠られていて、土中から掘り出したという伝承がある。目疾《めやみ》地蔵として信仰されているが、もとは雨止《あめやみ》地蔵だったといわれている。

古代史家の滝川政次郎氏は一九七八年に『土車』第十三号へ「わが国にある禹王廟」と題する一文を寄せられ、そのなかで、この寺の前身は鴨川のほとりにあった禹《う》王廟だという説を披露された。短い文章ではあるが日本文化と江南の関係を模索していた当時のぼくには痛烈な刺激となった。

禹は古代中国の伝説上の人物で、黄河の治水に成功し夏王朝の創始者となった。伝説上の人物とはいえ江南の紹興郊外にある会稽山《かいけいざん》を禹の墓、つまり禹陵とする考えが司馬遷の『史記』にでているし、三国時代の魏の文帝のときにも薄葬の代表例で墓造りの理想となるものとして『三国志』にとりあげられている。

ぼくが現地に立つことを強く願っていた土地だが、幸い一九八一年の司馬遼太郎氏を団長とする江南の旅で現地を見ることができた。これはぼくの生涯のなかでも感動の一日となった。禹陵の石碑が建つ山麓には立派な禹廟もあって、いまなお禹への信仰がつづいていることを知った。古代や中世に日本から中国を訪れるさい、シナ海をこえてまず到着する港は紹興の外港といってよい寧波《ねいは》(ニンポー)が多く、おそらく禹陵や禹廟についての知識は、早くから日本ひいては京都にもたらされていたとみてよかろう。それと昔の教養人にとって『史記』や『三国志』を読むことは常識になっていた。

いまの鴨川は長年の治水事業によって安定した流れになっているが、古代や中世には大雨があるとしばしば氾濫し橋が流失したこともある。平安京域を発掘すると鴨川の氾濫によってもたらされた川の礫が堆積していることをよく見かける。平安時代には鴨川の堤防の管理のため防鴨河使《ぼうがし》という令外官が設けられ、治水の先駆者としての禹への信仰がおこったことであろう。

ある年の二月三日の節分の日に、仲源寺の前を通ると門に幔幕《まんまく》が張られていた。本堂では厄除けの張子細工のダルマの小像が売られていたので一つ求めた。ダルマというより雪除けの厚いマントをまとった少女の姿のように見える。全体は赤く彩色されているが顔は白く眉毛と目を青い線で、口を赤い点であらわしていた。くどいようだがこの寺へは日が落ちてから訪れるのを勧める。その時刻には着物姿の祇園町の女性もよくお詣りしている。

鴨川の橋と河原の重要さ

鴨川は下鴨神社のすぐ南で高野川と賀茂川とが合流してからをいい、現在ではそれより北のカモ川を賀茂川と書き分けている。河原が広く今日も川岸よりかなり西に河原町《かわらまち》という通りの名がついている。河原町は秀吉のころからある南北の通りである。

鴨川の河原は時には死骸の捨場となったり火葬骨を流すところにもなった。またしばしば合戦の場ともなった。負けたほうの首が晒《さら》される場にもなる。

今日も三条大橋下の河原は、かけだしの芸人が楽器をひいたり歌ったりできる開かれた場でもあり、散策の人出も多い。八月には四条大橋と三条大橋の間の河原で鴨川納涼祭がひらかれ、夜店で賑うこともあって、二〇〇六年には二日つづけて行ってみた。有名なことだが後醍醐天皇の新政下の建武二年（一三三五）に、二条河原で〝此比《このころ》都ニハヤル物、夜討強盗謀綸旨《にせ》〟ではじまる新政を批判する落書が立てられ、京都中にその噂がひろまった（『建武記』所収の「二条河原落書」）。河原はそのような意見発表の場でもあった。

それにしても大都会を流れる川で鴨川のような広い河原をもつ川は稀である。東京の隅田川、大阪の淀川、堺の大和川、名古屋の庄内川、福岡の那珂川のどれをとっても川幅いっぱいに水が流れていてまとまった河原はみられない。鴨川でも河原のあるのは平安京域沿いの約六キロだけで十条以南の鴨川では河原はみられず川幅も狭くなる。どうやら平安京域ぞいの鴨川の河原が広いのは、平安京建設以来の人為に創出された、都市に付随する多目的の空間なのではなかろうかとする想いが強い。

いま鴨川に架かる橋のうち三条、四条、五条の大橋、それと秀吉が天正一八年（一五九〇）に架けた新（現）五条大橋をとりあげよう。

新（現）五条大橋は、秀吉によってもとの六条坊門小路が拡張された新（現）五条通の東詰に架かっていて、架橋の当時は大仏橋といわれていた。この道路は、方広寺の参詣者や伏見城との連絡などのために必要となった新しい都市の改造計画によるものである。さらに第二次世界大戦中にアメリカ軍の空爆にそなえ、この道幅は再び拡張され五条通りは今日のように広くなった。なお新（現）五条大橋の西詰に牛若丸と弁慶が勝負をしている石像がたっているが、牛若丸（義経）のころの五条大橋はすでに述べたように松原橋だから、設置する場所を間違っている。

秀吉が五奉行の一人の増田長盛に作らせた新五条大橋の両側の欄干に、ネギ坊主形の青銅製の擬宝珠《ぎぼし》がついていた（舟木家旧蔵「洛中洛外図屏風」）。このことは現在の五条大橋にも受けつがれている。なおこの橋も石の橋脚が使われていたが、それについては三条大橋のところで述べる。

ここでさきに述べておきたいことがある。木造の橋、とくに橋脚が木柱の場合は数十年で痛む。それに鴨川の増水による橋の流失もしばしばおこっている。痛んだ橋脚だけを修理することはまず不可能で、橋脚が痛むと橋そのものを新造することになり、そのたびごとに費用の捻出が大問題になった。そうなると橋のない期間になるのである。だから史料にある橋の記載がでているとしても、そのころには橋が架けられていたことを示すにすぎず、長期にわたってその橋が存続したことの証明にはならない。

二〇年ほど前の冬の夜に、鴨川を歩いて渡っている二人の若い男を発見した。このときぼくは四条大橋の上にいたのだが、寒いなか男たちはズボンをたくしあげて左岸から渡りだした。どうやらこの二人には酒がはいっているらしい様子だが、珍しい光景だったので最後まで見とどけておいた。しばらく雨がなかった頃で水深は浅く二人は無事渡りおえた。

この光景を参考にすると、鴨川は水位の浅いときには歩いて渡れそうである。とはいえいまではときどきブルドーザーで川底を平らにする作業の光景を見るので、昔は川のなかに深い流路ができていたであろう。

鴨川に入って魚を捕る人をときどき見かける。ぼくの印象ではあまり魚はいそうではない。寛政一一年に刊行された『日本山海名産名物図会』によると、加茂（鴨）川の名産としてゴリ（鮴）をあげている。筵《むしろ》と小石を使って捕るので、そこからゴリ押しの言葉がでたとも書いている。

ゴリはゴクラクハゼの俗称で、頭の骨っぽい小魚であり甘辛く煮て食す。ぼくは三条木屋町にある居酒屋の「れんこんや」へときどき行くが、この店にゴリ煮の小鉢のある日がある。三人ほどが注文するとなくなるほどの量しかないが、これは琵琶湖で捕れるゴリだそうである。この店には若狭の半干しのカレイや季節によると琵琶湖の子持ちのモロコなど、昔からの京都の食生活を伝える食材がいまなお残っているのが嬉しい。ゴリは金沢市でも名物になっていて、空揚げを食べたことがある。

江戸後期には、二条から三条にかけての鴨川西岸の高瀬川沿いに、ウナギやコイを生簀《いけす》（洲）に飼って客の求めに応じて料理する川魚料理屋が何軒もあったという。いまもその伝統が細々とのこっている。

もとの五条の大橋

後深草二条は中院雅忠の娘で、鎌倉後期に後深草上皇をはじめ数人の男性との恋の遍歴をくりひろげた女性として知られ、その日記『とわずがたり』は大胆な女流文学として注目されている。

二条は旅が好きで正応元年（一二八八）には、熱田、江ノ島、鎌倉を旅し、翌年には善光寺や浅草、さらに今日の埼玉県狭山市にある堀兼の井を訪れるなど長期の旅をつづけている。これだけ長期間の旅をつづけられた背景にも注目してよい。

浅草の観音堂に詣ったあと、隅田川で「いと大なる橋の清水、祇園の橋の体《てい》なるを渡る」の文章がある。この記事によって武蔵と下総《しもふ(う)さ》の境を流れる隅田川に立派な橋が架かっていただけでなく、清水寺へ詣る橋と祇園社へ詣る二つの橋がその頃あったことがうかがえる。余談になるが古代から浅草はなかなかの賑わいがあった（『関東学をひらく』）。

『とわずがたり』のこれらの記事を作り事とみる人もいるようだが、二条は隅田川の向いをこえて間もなくのところで稲を干す風景を見て、この辺りは稲の「身の入らぬ所にて侍りける」と観察を述べている。

隅田川を東へ渡ると下総の葛飾《かつしか》になるのだが、江戸時代の葛飾では実のはいりにくい稲穂ができるので、そこでは各種の藁細工が発達していたのである。ぼくは二条の好奇心と観察力の鋭さに注目している。
古典を読む現代人は二条の例に限らず古典の作者ぐらいの実地見聞の知識がないかぎり、とても批評などできるものではない。批評をする資格などとてもないのである。自惚《うぬぼれ》と怠慢はえてして現代の研究者のはまりこむ落し穴である。

旧五条橋（松原橋、松原の地名は寛永以後）は清水橋や勧進橋などの名でよばれ、清水寺への参詣者が増えるにしたがい平安中期には架けられたとみられる。修理をも含め橋の管理は清水寺がおこなっていた。勧進によるだけではなく今日流にいうと有料の橋であって、清水寺本坊の成《じょう》就院《じゅいん》が橋の管理にあたるとともに橋銭（通行料）を徴収していたとみられる。

成就院には姥《うば》堂があった。この堂には三途川《さんずのかわ》を渡る死者から衣服を剥ぎとる奪衣婆《だつえば》の木像があったと伝え、通行料を支払わせる陰の役割があったらしい。この堂はもと橋のたもとにあったとおもうが後考をまつ。

平安中期の歌人であり、また『栄華物語』の作者かともみられる赤染衛門《あかぞめえもん》は、清水寺の僧たちが橋を造りおえて法要を河原でするると聞いて行ってみた。さらに清水寺にも詣った（歌の前詞）。

けふ(今日)をこそうれしきはし(橋)と思ひつれ　わたし(渡)はてずはいかさまにせん

（『赤染衛門集』）

この歌には橋が完成して渡った時の喜びがよくでている。七、八世紀の僧でも道昭、道登、行基らの僧は多くの橋を架けていて、僧と橋の関係を知ることができる。『華厳経』にも「橋梁を見て一切を度《わた》さんと願う」とあるように、仏教では橋を架ける行為は後生への善根とみられていた節がある。

四条大橋と三条大橋

四条大橋は祇園橋とよばれたように祇園社への参詣人が渡る橋で平安後期に架け始められ、ここも勧進橋だった。戦後も何度か橋の幅を広げる工事がおこなわれ現在のようになった。中世にはこの橋を東に渡ったところに祇園社の木造朱塗の鳥居が立っていた。

弘安七年に京都に入った一遍らの一行が、この橋の上で念仏札を配る賦算をおこなっている光景が『一遍上人絵伝』に描かれている。それによると橋は水平ではなく中央が高く盛り上がっていた。これは人が渡る橋ではあるが牛馬、まして牛馬の曳く車は通さないための工夫であろうか。橋の両側には欄干はつくが擬宝珠はない。

『一遍上人絵伝』ではこの橋のたもとで敷物をひろげ、仏の涅槃《ねはん》や地獄の様子を人形を並べて絵解きをする僧が見える。今日も橋の上で旗を立てて僧が勧進《かんじん》する姿をよく見かける。なお橋の東詰に出雲の阿国の踊る姿の銅像があるのは、この付近に江戸時代に芝居小屋が集まっていたことを示そうとするのであろう。いまでは南座だけがのこる結果となった。

三条大橋の歴史は、四条大橋や五条大橋にくらべると関係する史料が少ない。近世以前には人が渡れる程度の簡素な木橋だったらしい。やはり橋を渡った先に著名な寺社のなかったことが、立派な橋ができなかった理由であろう。

秀吉は小田原攻めを計画し始めたころから、東海道のターミナルとしての三条通りの重要性を考え、立派な三条大橋をかけることを思いついた。天正一八（一五九〇）年に増田長盛に命じて

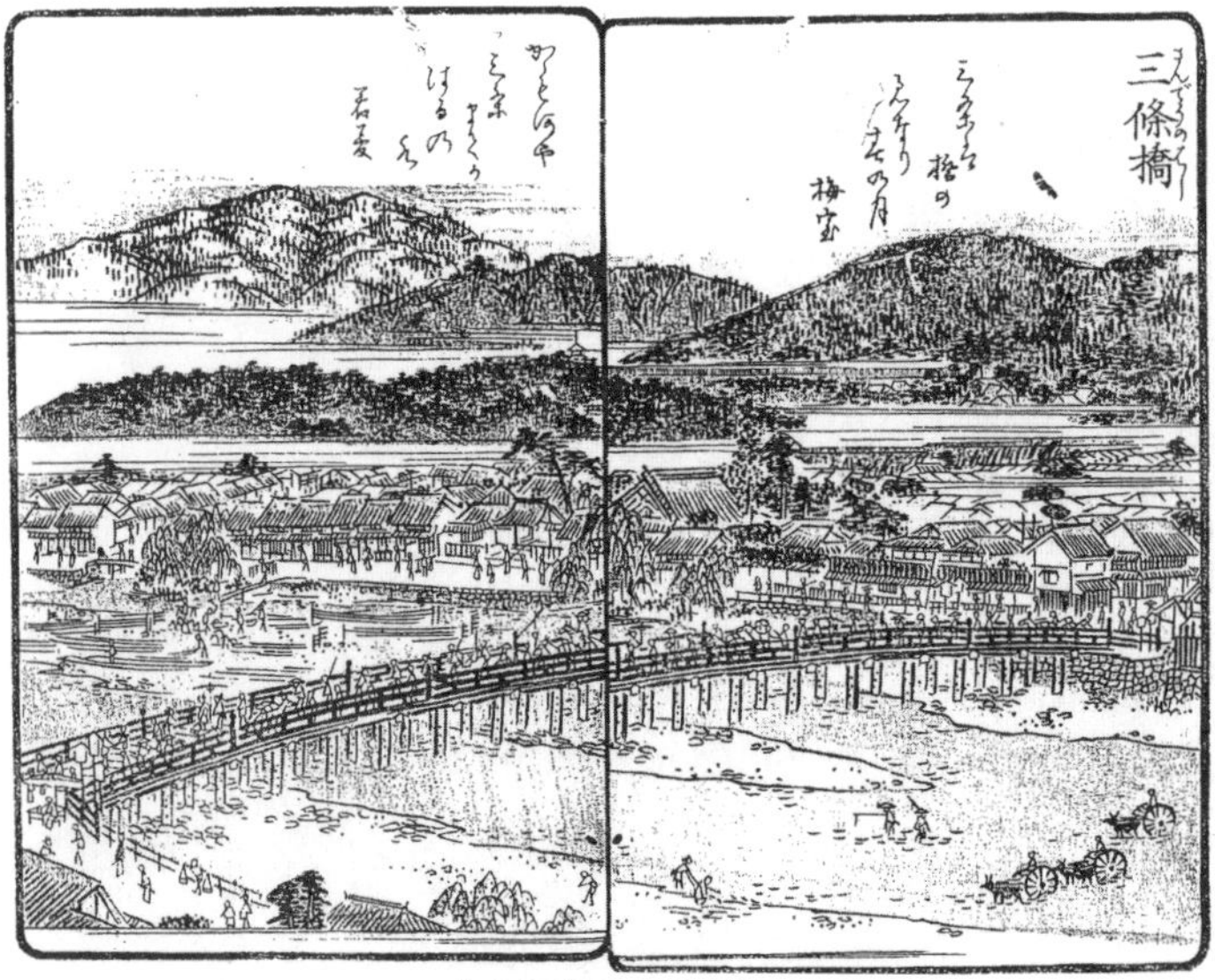

文久年間の三条大橋

（淀川両岸一覧に石柱の橋脚が描かれている。牛車は川を通っている）

本格的な架橋工事をおこなった。橋の欄干は青銅製の擬宝珠《ぎぼし》で飾られていたが、幸いなことに元の擬宝珠七箇は使い続けられていて、ぼくの好きな歴史的スポットになっている。太陽光線の具合によって銘文がはっきりと読めることがある。

擬宝珠はネギ坊主形の先端の下の長筒の中央に帯部があって、その帯部の上下に四字ずつの字を配している。ただし四字ずつの句ではない。

洛陽三条　之橋至後
代化度往　還人磐石
之礎入地　五尋功石
之柱六十　三本蓋於
日域石柱　橋濫觴乎
天正十八年庚寅　正月日
豊臣初之　御代奉

増田右衛門尉
長盛造之

ぼくなりに読み下すと、洛陽（京都）の三条の橋は後代に至るまで往還の人を化度（助ける）し磐石の礎を地にいれること五尋《ひろ》、功石（切石）の柱六十三本はけだし日域（日本）において石柱橋の濫觴《らんちょう》（はじめ）か。

この銘文によってこのときの橋は橋脚が木柱ではなく石柱を使っていたことがわかる。石柱を使っても江戸時代にはたびたび流失しそのたびに新造されいまにいたっている。なお五条や三条大橋の元の石柱（円柱と橋桁）の一部は京都国立博物館に移され、平安神宮の東の神苑の池に垂直に打ちこまれ二ヶ所で飛び石に利用されているのを見られる。五条大橋の橋脚は、いまの五条大橋の西詰北の小公園内と東詰を少し南へ行った川端通り横の小径《こみち》にも保存されている。

本文を一応書いたあと挿図の選定のため『淀川両岸一覧』をもう一度見てみた。三条の橋図では橋脚を石柱として描いているようにおもう。橋より南

天正十八年の擬宝珠
（三条大橋に現用）

現在の三条大橋の橋脚
（南側の列には16世紀の石柱を使っている）

寄りでは川のなかを牛のひく車が渡っていて、重量のある荷車は橋を通れない規則があったようである。
そこでいつも橋は通っているのだが川原へ下りて橋脚を見上げてみた。すると南側の列の橋脚にはいずれも元の石柱を利用して下部をコンクリートで補強してあった。三条大橋には擬宝珠だけでなく元の石柱も今なお使われつづけていたのだった。足元にはまだまだ気づかない歴史がひそんでいる。なお三条大橋を西に渡った北側にも、年号銘のある太い石柱が立てられている。

第4部　旧粟田郷のあたり

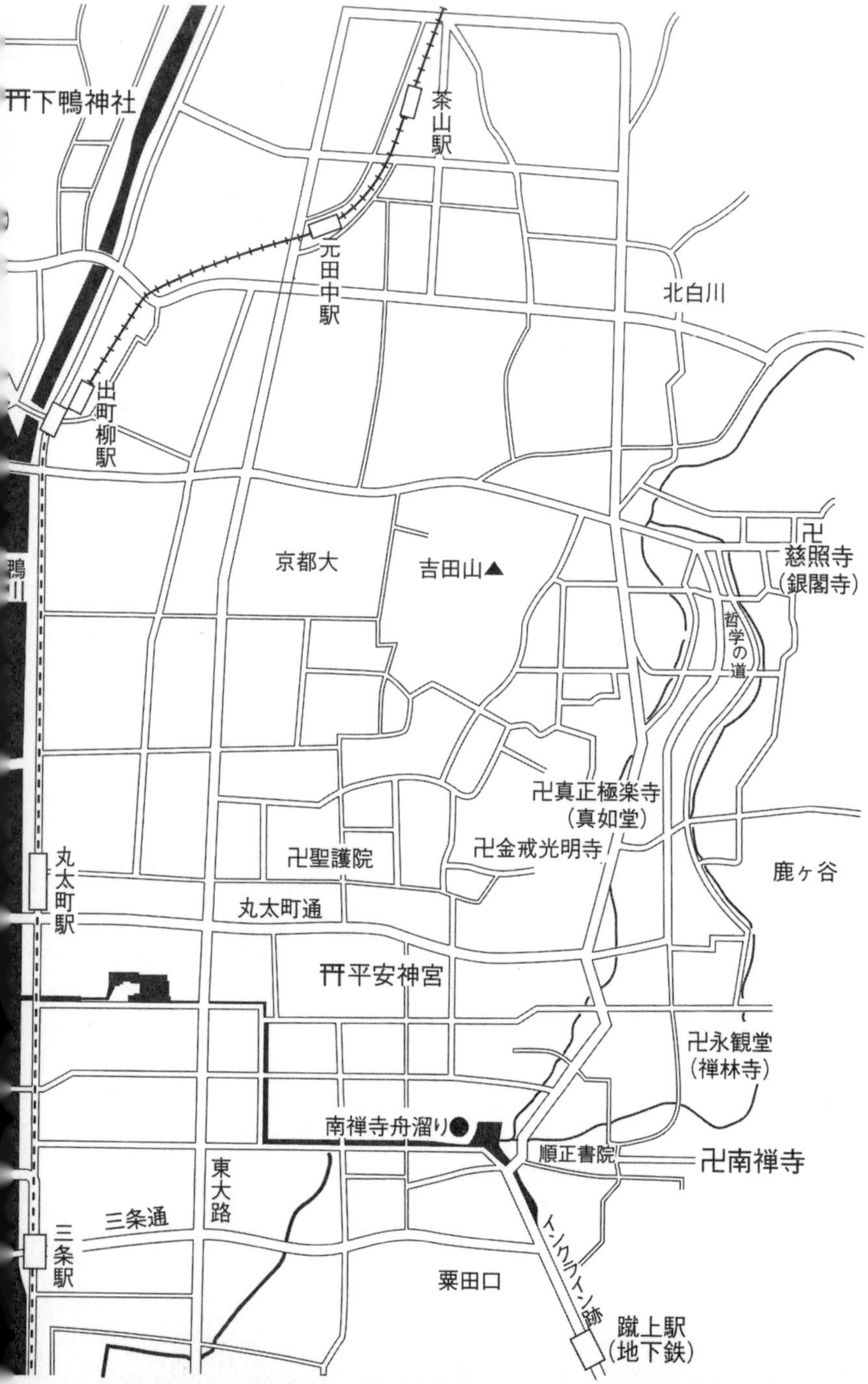

⛩下鴨神社
茶山駅
元田中駅
出町柳駅
北白川
鴨川
京都大
吉田山▲
卍慈照寺
(銀閣寺)
哲学の道
卍真正極楽寺
(真如堂)
卍金戒光明寺
卍聖護院
鹿ヶ谷
丸太町駅
丸太町通
⛩平安神宮
卍永観堂
(禅林寺)
南禅寺舟溜り●
順正書院
卍南禅寺
東大路
三条通
三条駅
インクライン跡
粟田口
蹴上駅
(地下鉄)

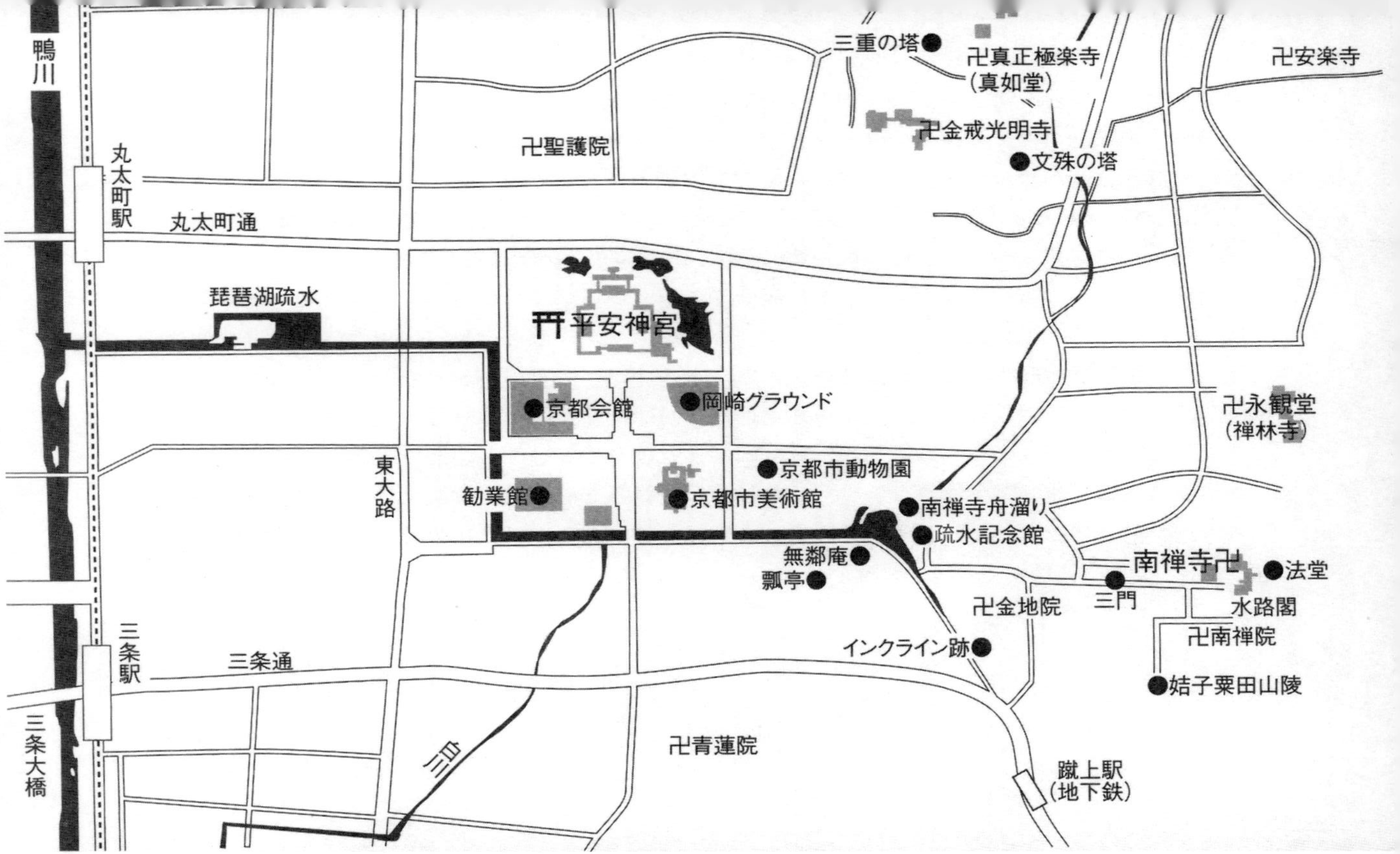

鴨川
丸太町駅
丸太町通
琵琶湖疏水
三条駅
三条通
三条大橋
東大路
白川
勧業館
京都会館
平安神宮
卍聖護院
卍青蓮院
岡崎グラウンド
京都市動物園
京都市美術館
無鄰庵
瓢亭
南禅寺舟溜り
疏水記念館
インクライン跡
卍金地院
蹴上駅
（地下鉄）
三門
南禅寺卍
法堂
水路閣
卍南禅院
姑子粟田山陵
三重の塔
卍真正極楽寺
（真如堂）
卍金戒光明寺
文殊の塔
卍安楽寺
卍永観堂
（禅林寺）

15章　知恩院から岡崎へ

東山界隈にはいままで尋ねたほかにも多くの寺や廟がある。といってもそのすべてを訪れるのが本書のねらいではない。それにぼくの好き嫌いははっきりしていて、一例をあげると髪の毛をのばした僧は出家者とはおもえない。

先日も広大な敷地をもつ某仏教施設へ寄ってみると、そこで出会うのは有髪《うはつ》の僧ばかりだった。それもあってそこを記述することは止してしまった。足元から歴史を探ろうとしているのに、歴史が音をたてて崩れそうである。

法然《ほうねん》と源智《げんち》
それと知恩院

本筋にもどって法然《ほうねん》関係のことを書こう。法然房源空ともいうが美作《みまさか》の生まれで父は漆間時国《うるまときくに》という押領使《おうりょうし》、母は秦氏《はたうじ》の出である。押領使はいまの各県の警察本部長ぐらいの役人だった。

法然が幼いとき父の館が夜討をかけられ父は殺された（『法然上人絵伝』）。そのあと法然は延暦寺に入って学習と修行に励み、やがて従来の仏教に飽き足らず唯一の修行として選択し他を捨て去ってよいとする専修念仏を唱えた。

やがて身分の上下にかかわらない広い層からの帰依《きえ》をうけるようになった。関白九条兼実《かねざね》も信者の一人である。法然の代表的な著作の『選択本願念仏集《せんじゃく》』は、関白を罷免され政界で失脚していたときの兼実の求めで書いたと伝えられている。兼実についてはこれまでも何度かふれたように、東福寺開基の九条道家の祖父であり、慈円の兄にあたる。

法然の人望がたかまるにつれ、延暦寺や興福寺などの旧仏教勢力から敵視されるようになり、朝廷も動かされた。ある事件もからんで法然の弟子二人が死罪となり、法然も土佐へ流されることになった（讃岐でとどまった）。このとき親鸞も越後に流された。承元元年（一二〇七）のことである。このことと前後するように兼実も五九歳の生涯を終っている。

赦免された法然はやがて帰洛し、東山大谷の禅房にこもった。すでに八〇歳になっていて昔のような行動力は失われていた。建暦二年に法然は亡くなりこの地に墓がつくられた。すると法然の信者たちはこの墓に集まり、教団の勢いはますます盛んとなった。これから述べる阿弥陀如来像造立への結縁者《けちえんじゃ》の交名帳を納める法要は、法然の墓前でおこなわれたとみてよい。法然の禅房の付近と伝える地には、室町時代建立の勢至堂がある。

法然の死後一六年がたってから再び法然教団への弾圧が始まり、延暦寺の衆徒が法然の墓を破却しようとした（『明月記』）。嘉禄の法難である。このことは六波羅探題によって制止されたが、前途を危ぶんだ弟子たちは法然の遺骸を京都西郊の粟生野に移しそこで荼毘《だび》にふした。遺骸を運ぶさい、在京の坂東の武士たち多数が護衛に参加している。

粟生野は長岡京市にある。鎌倉武士として名を知られた熊谷直実《くまがいなおざね》が法然の弟子となり、出家して建てたのが光明寺である。なお直実は嘉禄の法難より前に死んでいた。以上のような経緯によって光明寺の境内に法然の廟がある。

ぼくも訪れたことがあってなかなかの寺である。阿弥陀堂の前には法然のものと伝える石棺がある。しかしこれはこの付近に多い古墳時代の組合式石棺である。なお光明寺を浄土宗の西山派という場合の西山は、知恩院のある東山との対比からでた言葉であろう。

浄土宗がいまのように多くの信者を集めるうえで、法然の弟子のうちの源智（勢観房）の働きが大きかったとみてよかろう。源智の活動については次に述べるような偶然のことでわかりはじめたのである。

一九七九年に滋賀県甲賀市信楽《しがらき》町にある玉桂寺《ぎょくけいじ》で一つの発見があった。この寺は真言宗にぞくしているが、そこで法然の死の直後の浄土宗の布教の様子を知るうえでの貴重な史料が世にでたのである。というのはこの寺にあった鎌倉時代の阿弥陀如来像は、動かすとかすかな音が聞こえた。それを手がかりに体内を調べると、四万六千人の名をしるした「結縁《けちえん》交名帳」や「願文《がんもん》」が納入されていた。

この像を作るという目的に賛同して合力した人たちのなかには源頼朝や頼家の名もあり、男女の僧俗から「エソ」（蝦夷）の人たちまでの名があった。別に納入されていた願文によるとこの造像の目的が「先師上人ノ恩徳ニ報謝スル」ためで、末尾に「建暦二年十二月廿四日　沙門源智敬白」とある。

建暦二年（一二一二）一二月といえば、その年の一月に法然が亡くなっている。願文にある「先師」や「我師」は法然のことで願文の冒頭に「弟子源智」とあるように、法然の弟子の源智が、法然の死の直後から十ケ月の間に、法然の供養のため阿弥陀如来像を造ることを目標にかかげて精力的な布教活動をおこなっていたのであった。この布教に、源智のもと多数の法然教団の人たちが全国的規模での活動をおこなったのであろう。

この「交名帳」には、片仮名で「エソ」と記した別綴りの冊があって、そこに三百七十人の男女の人名が墨書されている。鎌倉時代の蝦夷の動向を知る貴重な史料である。ぼくはこの史料に接してから平安時代以降の蝦夷について勉強を重ねるうちに、近畿では近江に多くの蝦夷が移住していたことを知り、いまではこの史料の「エソ」が近江にいたとしてもおかしくはないと考えるようになった（『山野河海の列島史』朝日新聞社）。法然の弟子らの布教は蝦夷の人たちにもおよんでいたのである。

宗派の異なる玉桂寺に法然のために造られた仏像のあったことについてだが、すでに述べたように嘉禄の法難での移動ということも考えられる。法難がおさまったあと、源智らは法然の旧房（大谷禅房）を再興して大谷寺といったのが知恩院の始まりである。だが源智の死後二百年ほどした応仁の乱のとき、兵火を避けるため法然ゆかりの品々を移し近江に新知恩院が建立された。問題の阿弥陀如来像もこの時に近江へ運ばれ、紆余曲折ののち玉桂寺に伝わったとみられる。なお源智については梶村昇氏の『勢観房源智』（東方出版）を参考にした。

いまの知恩院は徳川幕府の庇護もあって広大な敷地に数々の大伽藍が配置されるようになった。石段をのぼりきったところにある三門はわが国最大の楼門であるし、除夜の風景として毎年のようにテレビで映しだされる鐘楼には約八〇トンの銅鐘が下っていて、これもわが国最大である。

これらはいずれも法然や源智のころにはなかったものである。

ぼくはまえに知恩院に所蔵されている奈良時代の「瑜伽師地論《ゆかしじろん》」の奥書を見たくなり、拝見させてもらった。そのとき、どうしてこのような知恩院創建時よりずっと古い時代の経典があるのかを不思議におもって質問した。すると明治政府の方針によって各地の寺々が疲弊《ひへい》し、寺宝を手放しだしたとき、知恩院の学僧福田行誡（一八八八年没）が逆にそれらを買い戻し散逸《さんいつ》を防いだからだとうかがった。

この寺には西魏の大統一六年（五五〇）の識字のある菩薩処胎経五帖があるなど、古い経典や文書類があり、文書のうち元禄以降のものが『知恩院史料集』として刊行されている。絵巻物の『法然上人絵伝』もこの寺にあって、法然の生涯を知る貴重な史料である。これとは別に法然と源智ら弟子との問答を集めた『法然上人伝記』（『法然上人伝全集』所収）が、大正年間に醍醐寺三宝院で発見されていて、法然の思想を知るうえで重要な文献になっている。

白川と白河という地

鴨川が北から南へとほぼ直線で流れているのにたいし、愛宕郡を北東から南西へとほぼ斜めに流れるのが白川である。水流に勢いがあり白砂を流す清冽な流れで、夏には蛍が飛び交うのを見ることがある。

白川は比叡山と如意ケ嶽の間に水源があって、流域のひらけた扇状地には北白川や岡崎がある。とくに、岡崎はかつて白河とよばれ、平安後期に法勝寺をはじめとする「勝」のつく寺が六つあって六勝寺《りくしょうじ》と総称された。

六勝寺のあった白河は、平家の都落ちにさいして「京、白河に四、五万間の在家、一度に火をかけて皆焼払ふ」と『平家物語』にあるように、白河は平安京域の京と対比されるほどの賑わいのある地であった。

知恩院の北に接して青蓮院《しょうれんいん》がある。天台宗の門跡《もんぜき》寺院で慈円が門跡をつとめた頃から栄え、いまでも本坊に慈円の像が安置されている。この寺は政界との関係の深まったときがあって、室町時代の応永の頃の門跡義円は、還俗《げんぞく》して足利将軍になった。六代将軍の足利義教である。義円は三代将軍足利義満の子である。

江戸時代の末にもこの寺の門跡が青蓮院宮として国政にかかわり、還俗《げんぞく》して中川宮（のち久邇《くに》宮）となり公武合体派として活躍したことがある。

青蓮院の庭園

ぼくは政治史への関心は薄く、以上のような動向に深入りするつもりはない。それよりこの寺の見学の心得をいっておこう。東山を借景とした庭園は広大で、ゆっくりした時間のあるときの見学を勧める。本坊の廊下に座って庭を眺めるのもよし、庭に出て歩いてみるのもよい。ようするに時間のたつのを忘れさせてくれる庭である。

天明八年（一七八八）に京に大火があって御所も焼失した。天明の大火である。このとき最後の女帝だった後桜町上皇が青蓮院を仮御所としたので、所在地の名をとって粟田御所《あわたごしょ》とよばれた。いまでこそ誰でも見学できるが、昔は庶民は立入ることは不可能だったから、江戸時代の地誌類では当寺のことはあまり書けていない。

青蓮院の所在地は粟田口《あわたぐち》であり、ここから北方にひらけた扇状地が古代の粟田郷である。平安前期には上粟田郷と下粟田郷に分かれるほどに賑った。いまの地名でいえば北白川、鹿ケ谷、聖護院、岡崎などは、いずれも上と下の粟田郷内にあったのである。

粟田郷の北部には、戦前から知られた北白川遺跡群がある。この遺跡群は縄文時代のほぼ各時期の遺跡からなり、小倉町、別当町、上終町《かみはて》などにひろがっている。残念なことに遺跡の地上は住宅が密集し京都大学のキャンパスにもなっていて、遺跡の全容を明らかにするような調査はおこなわれていない。とはいえ縄文前期の北白川下層式土器や縄文後期前半の北白川上層式土器は考古学の編年の基準とされているように、近畿全体でみても縄文遺跡としては屈指の大遺跡とみてよかろう。

北白川から約二キロ南へ行った岡崎に京都市美術館がある。このあたりの地下にひろがるのが弥生時代のほぼ全期間におよぶ土器の出土する岡崎遺跡である。ここもまだ総合的な調査はおこなわれていないが、鴨東《おうとう》における弥生時代の拠点集落があったことは間違いなかろう。

このように平安後期に「京・白河」とその賑わいをいわれた白河の地は、平安後期よりはるか前から開発の進んでいた粟田郷であったことを見落としてはいけない。

粟田郷と東西南北の交通

粟田郷があった土地が縄文時代や弥生時代から賑っていた理由の一つは、陸上交通上の要衝だったことである。藤原頼長の日記の『台記《たいき》』（これは赤裸々に男色のことを記録したことでも有名だが）には、頼長が近江の石山寺へ詣るとき、「寅刻（午前四時ごろ）に京を出て粟田口で（鞍鐙をつけた）馬に騎《の》り」（久安二年九月二七日条）とあるように、粟田口は東方諸国への出発点であり、同時に到達点でもあった。江戸時代には東海道や東山《とうさん》道《どう》（中山道）にいたる道としてよく利用された道筋であった。

粟田口から山科盆地をへて近江の大津へ通じるルートは、陸上交通のルートのほか明治二三年に完成した琵琶湖疏水が通過している。

日本海と琵琶湖を結びさらに大阪湾までを運河で通す机上の計画は江戸時代にもあった。明治時代になると真剣に検討されだし、田辺朔郎の設計と指揮によってこの難工事を実現させた。琵琶湖から西へ向って運河を掘り、東山山塊に突きあたるとトンネルを粟田口に近い蹴上《けあげ》まで通し、再び運河を掘って京都盆地のあちこちに通じる壮大な運河網を実現させた。

完成後には物資を小舟で運ぶことが盛んだったが、明治の後半になると鉄道が発達し水運面の利用がすたれ、上水道や水力発電用の水の利用としての役割に変わった。ぼくを例にとっても、毎日良質の水道が使えているのは疏水の恩恵をうけているのである。

陸上交通に話を戻そう。粟田郷が栄えた理由は東西交通の要衝だったことに加え、南北をつなぐ道路としての大和大路（街道）が郷内の西寄りを通っていることも大きい。

大和大路はいまでは四条通りより北を縄手《なわて》通りとよび、途切れているような印象をうける。だが四条通りより北で白川と交互する地点に架かるのが大和橋で、昔この辺《あた》りも大和大路だったことを伝えている。

この道をさらに北へと行くと貴船や鞍馬、あるいは大原をへて日本海に面した若狭まで通じている。江戸時代の鯖《さば》街道である。

『平家物語』延慶本には、貴船と宇治が大和大路で結ばれている話がある。嫉妬深いある公卿の娘が貴布禰社に籠って、鬼神になって相手の女を殺そうと祈ったら、宇治川に二一日間漬かれとのお告げがあった。お告げとは巫女が口ばしったのであろう。そこで娘は鉄（かな）輪（わ）を頭にのせるなど異様な姿をして、夜更けに大和大路を走り宇治川に漬かり鬼になったという。鎌倉後期にはできていた話で、この話はのち謡曲の『鉄輪《かなわ》』にもなっている。

大和橋より白川《しらかわ》の少し上流に観光客がよく訪れる巽《たつみ》橋と巽明神《たつみみょうじん》がある。川ぞいの石畳の道は白川と祇園の古い町並みと調和しており、吉井勇の「かにかくに祇園はこひし寝るときも枕の下を水のながるる」の歌碑が巽橋の少し下流にある。

想いだすことがある。白川に面して料理屋の「富乃井」がある。この店の座敷は白川に臨んでいて、さらに座敷のすぐ下で白川が流れを変えている。ぼくがこの部屋を初めて使ったのは司馬遼太郎さんが吉川英治賞をうけられたときのお祝いの席だった。吉井勇の歌はこの部屋での感激を述べたのだと老女将（故人）から聞いたことがある。

唐で名をはせた栗田朝臣真人

栗田郷には和邇《わに》氏系豪族の栗田氏がいた。天平二年（七三〇）に外国のことを知るうえでの訳語《おさ》の重要さを述べたあと、栗田朝臣馬養や秦忌寸《いみき》朝元ら五人がそれぞれ弟子をとって漢語（中国語）を学習させている（『続日本紀』）。粟田氏は皇別の家柄（『新撰姓氏録』）で渡来系の家柄ではないのに中国語に通じていたのだった。これは平安京以前の山背を知るうえで重要である。粟田朝臣馬養《うまかい》は天平一五年に法華経などを読める出家の候補者として愛宕郡鳥部郷の秦三田次《みたすき》を推挙していて、そのとき馬養は治部省少輔従五位下だった（『寧楽遺文』）。

このような家柄だったから遣唐使の執節使として大宝二年（七〇二）に唐へ渡った粟田朝臣真人は「よく経史を読み属文を解し容止温雅」であったことで、ときの則天武后（女帝）は宴の席で司膳卿に任じたほどだった（『旧唐書《くとうじょ》』）。なお属文は文章を作ること、この能力は教養をはかる一つの基準だった。真人のことは『新唐書』にも詳しく記録されている。当時の中国人は〝海東に大倭国という君子国があり、人民豊楽にして礼儀あつく行れている〟とみていたという（『続日本紀』）。

真人は唐に派遣される直前に『大宝律令』の撰定にも参加しているから、学識のほどが推察できる。粟田郷には真人を生みだすような力があったのである。

聖護院カブや鹿ケ谷ナンキン

粟田の読みは「アワタ」であるが「禾田」と書かれることがある。アワは古代中国、とくに殷や周、漢や魏の都のあった華北では長らく主要な穀物だった。主要穀物だったからアワについての漢字も工夫されていて、植物としてのアワという場合は禾、収穫した穀の粒をいう場合が粟だった。

いまでは禾の字はあまり使われず、歴史研究でも意識されてはいない。一つ例をあげよう。播磨国の北西部に宍禾《しさわ》（粟）郡がある。山間部だけれども播磨国の一の宮の伊和神社が鎮座するなど歴史は古い。八世紀に都へもたらす貢納物につけた荷札木簡に宍禾の地名がしばしば記されているが、「宍禾」と「宍粟」が併用されていて、アワには二つの字があったことがわかる。

序《ついで》に書くと、『魏志』倭人伝に倭地の農村風景を描写をした「種禾稲紵麻」の五文字からなる個所がある。この文をよく〝イネとチョマを種《う》える〟と読んでいるが間違いで、「アワ、イネ、カラムシ、アサを種える」のである。このような安易な誤りを多くの人がくりかえしてきた理由は、一つには東アジア的視野で物事をみなかったことに加え、漢字の歴史に無頓着だったことによるのであろう。別に論じたことだが、奈良時代の養老六年にもアワの重要性を政府はよびかけていて、その詔では作物としての禾と収穫された粟をみごとに使いわけている。

このように考えると、白川扇状地ではアワが大規模に栽培されていたことも考えられる。この扇状地は疏水で水がくるまでは畠が多く、疏水の水を利用してから水田化したところもあるといえう。ぼくが面白く感じているのは、京野菜のうちの多くが粟田郷で栽培され始めたことである。なかには近世に栽培の始まったものもあるが、粟田郷で栽培された京野菜についてもざっとみておこう。

岡崎の平安神宮の北に天台系の門跡寺院としての聖護院《しょうごいん》がある。境内で平安後期の瓦が出土して見に行ったことがある。それと修験道の大本山を兼ねていて、この寺の山伏が町を歩いているのにときどき出会う。

まえにこの寺で聞いたことがある。聖護院の東で東山に登り、山頂の尾根筋を南へとり三室戸寺や金胎寺をへて大和東部の竜王山を南へ行き大峯山にいたる山道のあることである。まえに述べたが後醍醐天皇が金胎寺、さらに笠置寺へと逃げた道とは修験者が使う山道だったのである。

話がそれたけれども、聖護院の名のつく京野菜に聖護院大根、聖護院カブ、聖護院キュウリがある。とくに千枚漬に使われる聖護院カブや千本釈迦堂での大根焚《たき》に使われる聖護院大根は京野菜の代表格である。なお聖護院大根の始まりの伝説では、尾張の宮重大根が黒谷の金戒光明寺に奉納され、それを栽培したのが起源になっているという。

鹿ケ谷南瓜

平安神宮の東方、東山の麓に鹿ケ谷《ししがたに》がある。後白河上皇の近臣たちが、法勝寺の僧俊寛の山荘で反平氏の謀議をおこなった地として歴史上に名をのこしているが、その地名をつけた鹿ケ谷南瓜《かぼちゃ》は胴のくぼんだ珍しい形が目につきやすい。前にふれた伊藤若冲の『果蔬涅槃図』でも主役をはたしている。序に書くとぼくの発音では「なんきん」で「かぼちゃ」は口からは出にくい。

鹿ケ谷に安楽寺という浄土宗の寺がある。すでにふれたことだが法然が弾圧される発端となった二人の僧（ともに死罪）ゆかりの道場から出発した寺である。二人の僧のうち安楽の唱える念仏が哀調をおびていて、院の御所の女たちが引きつけられたことは慈円の『愚管抄』に詳述されている。

ぼくは哲学の道を歩いていて安楽寺の前まで来たとき、説明板に鹿ケ谷の農家が一番成りのカボチャをこの寺の本尊に供えるカボチャ供養のあることを知った。現在では鹿ケ谷では栽培していないので、市原や鷹峰《たかがみね》で栽培してもらっているという（林義雄『京の野菜記』ナカニシヤ出版）。以上のほか「もぎなす」や南禅寺大根もあったそうだがいまは栽培されておらず、ぼくも見たことはない。このように粟田郷一帯では各種の野菜の栽培が盛んだった。これもこの土地の一つの力として見落としてはいけない。

北白川廃寺と粟田寺

縄文時代の北白川遺跡に接して北白川廃寺がある。愛宕郡では八坂寺（法観寺）とほぼ同じころ、つまり飛鳥時代後期に建立された大伽藍と推定されている。

昭和九年に北白川での住宅地開発が進むなか、広大な範囲で古瓦の出土が人びとの関心をひき、その遺跡が京都大学の考古学教室に近いこともあって緊急調査がおこなわれた。その結果「北白川廃寺阯」の発掘報告が『京都府史蹟名勝天然紀念物調査報告』第十九冊に収められた。執筆は考古学教室の助教授（当時）だった梅原末治氏である。

梅原氏は南河内のご出身で、そのこともあって同志社大学の学生のころのぼくは、ときどき考古学教室へお邪魔して梅原氏からさまざまのご意見をうかがうことができた。ぼくが大学に赴任した直後、〝君の務める研究室の図書として役立てるように〟といって、大量の専門書を贈ってもらったことがある。厳しいという評判のある人だがぼくには優しかった。

昭和九年の調査で北白川廃寺に瓦積の基壇が見つかった。伽藍の中心となる建物らしく金堂だとぼくはみている（講堂との見方もある）。さらに昭和五五年に瓦積基壇の西方約八〇メートルで正方形の塔址とみられる瓦積基壇が発掘された。残念なことに心礎は寺の廃絶後に掘り取られたようで存在しなかった。

この塔は金堂より少し後に建てられたとみられ、また瓦積基壇との間に回廊らしい遺構がでていて、東方の瓦積基壇と塔の間には回廊があったらしく全体の伽藍配置の究明は今後にかかっている。

一つ重要なことがある。それはこの地に寺ができる以前にあった掘立柱の建築や柵列が寺域の地下で見つかっていて、文献によくあるように豪族が居館を寺に直した例がうかがえる。

出土の瓦のうち創建時もしくはそれに近いころの瓦としては、大和の山田寺式の重圏縁単弁蓮華文の丸瓦と大和の紀寺式の雷文縁複弁蓮華文の丸瓦がある。このうち紀寺式の丸瓦はすでに見た八坂寺にもあったし山科《やましな》の大宅《おおやけ》廃寺にも使われていた。大宅廃寺は和邇氏系の大宅氏の氏寺とみられている点で注目される。

北白川廃寺（粟田寺址）出土の紀寺式丸瓦（京都大学総合博物館所蔵、『京都府史蹟名勝天然紀念物調査報告』第19冊）

北白川廃寺は長らく古代での寺の名不明の廃寺として扱われてきたが、粟田郷内にあった粟田寺ではないかとみられる。すでにみたことだが八坂寺の項で引用した『延喜式』内蔵寮の項の五月五日に菖蒲佩を供える十五の寺のうち東名寺が浮かびあがる。というのはその記載で東名寺の割注に粟田寺とあって、地名でいうと粟田寺、法名でいうと東名寺だったことがわかる。

瓦でみると、平安中期までこの寺は存続していたようで、文献上での粟田氏の活躍期間ともほぼ一致している。

なお寺域に接した北白川別当町で天武朝ごろの無文銀銭が出土していて、面に「高志」の刻字がある。高志は越のことである。無文銀銭は、和同開珎より古い貨幣である。

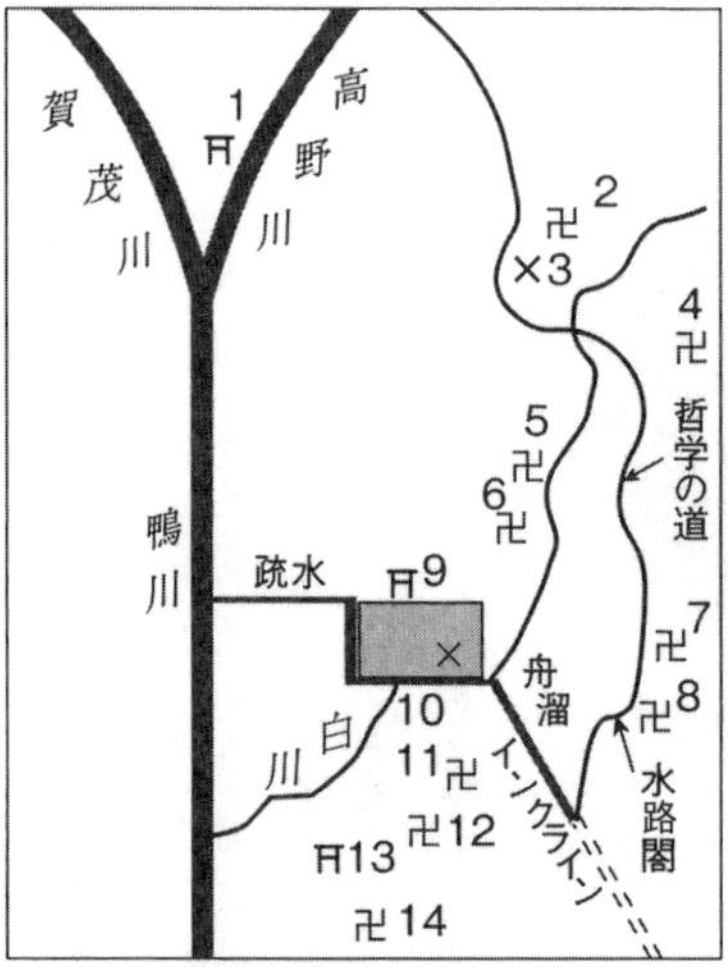

白河（粟田郷）の主要な遺跡

1 賀茂御祖神社(下鴨神社)
2 北白川廃寺(粟田寺)
3 北白川縄文遺跡群
4 慈照寺(銀閣)
5 眞如堂
6 金戒光明寺
7 永観堂
8 南禅寺
9 平安神宮
10 六勝寺跡と岡崎弥生遺跡(×印)
11 青蓮院
12 知恩院
13 八坂神社
14 法観寺(八坂の塔)

16章　六つの勝の字のつく寺

白川の地名をつけた天皇が歴史上に登場する。白河天皇である。この天皇は第二皇子の善仁《たるひと》親王が八歳のとき天皇の位を譲ったのが堀河天皇で、自らは上皇となり本格的な院政を始めた。堀河天皇と聞くと大人の天皇をおもわせるが実際はまだ子供だった。天皇の順番では白河、堀河、鳥羽、崇徳、近衛、後白河の六代となるが、院政を掌握していた上皇でいえば白河、鳥羽、後白河の三代となり、いかに上皇が長期にわたって政治の実権を握っていたかがわかるだろう。

法勝寺と六勝寺

歴史上で院政時代とよばれるのは白河上皇の院政開始（一〇八六年）から後白河上皇のときの鎌倉幕府の成立（一一九二年）までだが、名前だけの上皇は江戸時代まであった。

これから述べる六勝寺は院政時代に建設された寺々であるが、すべての建物や仏像のほとんどは今日まで伝わっていないし、学僧がいたこともあまり聞かず、多くの紙数を費やすほどのこともなかろう。

慈円の『愚管抄』巻四には、白河院（天皇のこと）から堀河院への譲位の経過を述べたなかで、

池の渡り橋に転用された法勝寺の塔の石材（京都市動物園内）

白河院が「白河ニ法勝寺タテラレテ。国王ノウヂデラ（氏寺）ニ是ヲモテナサレケルヨリ。代々コノ御殿ヲツクラレテ。六勝寺トイフ白川ノ御堂大伽藍ウチツヅキアリケリ。堀河ノ院ハ尊勝寺。鳥羽院ハ最勝寺。崇徳院ハ成勝寺。近衛院ハ延勝寺。是マデニテ後ハナシ。母后ニテ待賢門院円勝寺ヲ加ヘテ六勝寺トイフナルベシ」と明快に説明している。なお待賢門院は鳥羽天皇の中宮で、円勝寺のほかいずれ述べる右京区にある法金剛院《ほうこんごういん》を建立するなど、深く仏教に帰依していた。

岡崎にはいまも法勝寺町、最勝寺町、成勝寺町、円勝寺町の町名があって、寺々がもとあった位置の見当はつく。とくに法勝寺は戦後まで塔の壇とよばれた塔の基壇が、市動物園内にのこっていた。さらに動物園と道路をはさんだ北側にも金堂の基壇がのこっていて広大な寺域だった。

動物園の北西に岡崎グラウンドがある。このあたりが最勝寺、その南の市美術おあたりが円勝寺、京都会館のあたりが尊勝寺、その南の府立図書館が成勝寺、勧業館の西にあったのが延勝寺とみられている。

六勝寺のうち、法勝寺と尊勝寺は寺域がほぼ四町四方と広く、ほかは二町四方程度だった。六勝寺が東西に並ぶさらに西方に上皇の御所としての白河殿があり、白河上皇は主に白河南殿で政務をおこない、鳥羽上皇は白河北殿を政庁にした。崇徳上皇の籠る白河北殿は保元の乱のとき平清盛や源義朝らの後白河天皇側の軍勢に攻められ焼け落ちた。

白河には六勝寺建立より前には藤原氏の広大な別邸があって、宇治殿といわれた藤原頼通のころ使われていた（『栄華物語』布引の滝の項）。それを藤原師実が白河天皇に献上すると承保二年（一〇七五）に法勝寺の造営が始まった。だが法勝寺の造営は初めから天に見放されていたのだろうか、完成供養は大雨で延期され、それが三度も続いたため怒った白河天皇は雨を器にいれて獄に投じたという（『古事談』）。気性の激しい白河天皇にありそうな話だが他にこのことを伝える史料はない。

八角九重の塔と半円球状の泥塔

法勝寺の建物のうち、やや遅れて建立された八角九重の塔は名高い。金堂の南の瑤池《ようち》の中心（島）にあって別の記録では高さ二七丈というから約八一メートルの大塔《だいとう》だった。瑤池は『法勝寺御塔供養呪願文』（『朝野群載』所収）で使われている言葉で、中国では神仙界にある玉のような池の意味をもっていた。

この塔は池のなかの中島に建てられていたから湿気のための痛みがひどく、建立後間もなく心柱の修理をしている（『百練抄』）し、その後地震や落雷による消失が続き、栄西によって再建された。だが嘉禄元年（一二二五）には寺の法師の子らが金物を盗むため塔の九輪を倒すなど、寺の維持が杜撰《ずさん》だった。慈円がいうように「国王の氏寺」ではあったが、多くの人びとの信仰にとっては無用の建造物にみえていたのだろう。南北朝の康永元年（一三四二）の延焼による塔の炎上は「法勝寺塔炎上事」として『太平記』におさめられている。

動物園を訪れるとすぐ前に噴水池があって、かくれるようにして「法勝寺九重塔跡」の石碑がたっている。さきほどの瑤池の名残である。この池に接して塔の基壇はのこっていたが、戦後にアメリカ占領軍によってブルドーザーで破壊されてしまった。そのとき多くの瓦が出土した。明治三六年の動物園開設のころから基壇の段に使われていたとみられる長さ三・八メートルの石材が、いまも池の渡り橋として使われている。ただし石材六個の一部は水に沈んで機能は果たせていない。このような長大な石材は、先に述べた三条や五条の大橋の橋脚（石柱）の前史を知るうえでも役立つ。

法勝寺をはじめとする六勝寺の跡からは、すでに大量の瓦の出土が知られている。ぼくの印象では飛鳥時代や奈良時代の寺にくらべ、軒先を飾る丸瓦も平瓦も質は劣り、文様にも気品と力量感がない。それと飛鳥時代や奈良時代の寺では創建時に使われた瓦は金堂も塔も門なども均一で揃っていたのに、六勝寺ではさまざまの瓦が建物ごとに使われている。つまりばらばらである。このことは造寺に受領《ずりょう》たち、つまり収入を目的とした国司たちが寄進し担当したことに原因があったとみられていて、山城産のほか丹波や播磨、それに大和や讃岐産の瓦が搬入されていた。『栄華物語』布引の滝の項には「金堂は播磨守為家ぞつくりける」とあって高階為家《たかしなためいえ》が寄進したことがわかるなどはその一例である。

ぼくは昭和四二年に、香川県の十瓶山《とがめやま》北麓の須恵器窯址群を調査したことがある。そのさい、十瓶山北麓で生産された三ツ巴文を配した平瓦が、尊勝寺で出土していることを知ったことがある。これは交易でもたらされたものであろう（『古代生産遺跡の調査』）。

法勝寺については西田直二郎氏が「法勝寺ノ遺跡」を『京都府史蹟勝地調査會報告』第六冊に執筆されている。法性寺の項でみたように史料の引用は完璧である。扱われた考古資料のなかに塔の壇付近で採集された饅頭形土製品がある。半円球状土製品といってもよいし、いまの分類では泥塔である。それと同じ遺物は京都大学の考古博物館に所蔵されていて、高さ三・六センチ、下面では周囲の鍔状の縁を加えて六・八センチ、表面に緑釉がかかっている。いまでは貴重品になったが昭和三〇年代の京都の骨董屋では時折これを見かけた。いずれも法勝寺塔址出土とみられるが、当時のぼくはいくらでもある品とみて入手しておかなかった。いまとなっては残念である。

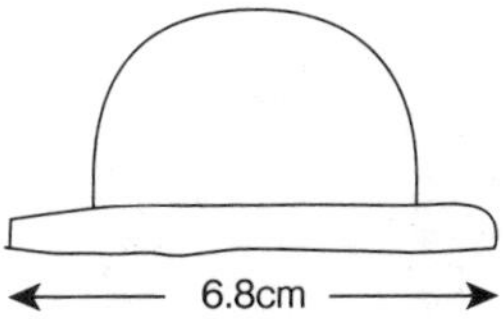

法勝寺址出土の泥塔

なおぼくが見た泥塔の裏面には小穴があって、そこに籾がはいっていた。お舎利の代わりにいれたものだと店の主人から聞いたが真偽のほどはわからない。

法勝寺出土の泥塔はすでに述べたことだが宝塔形でも五輪塔形でもなく、従来の泥塔の系譜からは生まれそうもない。その側面形を見るとインドの古いストゥーパ、つまり卒塔婆《そとば》の形に似ているのに気づく。これは偶然のことではなさそうである。

法勝寺の宝塔文丸瓦

西田論文で引用されていることだが、法勝寺で顕著にみられることに小塔供養がある。『続本朝文粋』に収めた藤原敦光が草した「白河法皇八幡一切経供養願文」によれば、保安三年に建立された小塔院に「小塔二十六万三千基ヲ置キ大治三年ニ至ッテハ更ニ円塔十八万三千六百三十七基ヲ加ヘタ」とある。

出土の泥塔がこの円塔にあたるかどうかはさらに検討されねばならないが、平安後期になって仏教の源流の地であるインド（天竺）の卒塔婆の形を知るようになり、このような泥塔を創りだしたのではなかろうか。なお法勝寺では丸瓦の文様に宝塔をあらわしたり、平瓦の文様に宝塔を並べたり、さらに平瓦の表面に宝塔形の文様を型押しで全面に塔を表現したりしたものなど塔の造立を意識したものが多く、法勝寺の特色である。

『太平記』が康永元年三月廿日のこととした火災は、正確にいえば暦応五年である。改元は四月になってからだったからである。この大火以後、法勝寺は廃退の速度を早め旧観に復することはなかった。

法勝寺に廃退の兆しがみえだした寛喜三年（一二三一）の八月一日の日記に、藤原定家は六勝寺について〝承暦の頃から承安に至るまで堂塔が造られたが、後には只その焼失を聞くのみで造営を聞かない。伽藍宝塔ことごとく灰燼に帰し、その跡の荒廃を見るに悲しみあり〟と尊勝寺の五重塔が焼失したときの感想を述べている（『明月記』）。なお承暦から承安とは、一〇七七年から一一七四年のほぼ院政期のことである。

いまでは六勝寺の跡地は荒廃したとする印象はなく、運動場、動物園、美術館、図書館、勧業館など人びとの生活に有用な施設ができていて今昔の感がある。

17章　平安神宮と疏水

平安神宮

　岡崎にある平安神宮は明治二八年に平安遷都千百年を祝うため、桓武天皇を祭神として京都市民が主となって新たに設けた神社である。この神社の例祭のひとつが一一月二二日に都大路を練り歩く時代祭りであり、京都の三大祭として知られている。祭りの中心は京都御所から出発する神幸の列である。

　時代祭りの先頭は維新勤王隊あるいは勤王鼓笛隊とよばれる山国隊《やまぐにたい》である。山国は山城国愛宕郡の北部と丹波国桑田郡にまたがる広大な山間部で、平安後期に山国荘ができ近世には禁裏領、つまり天皇家の支配地であった。京都にたいして木材や薪などを供給する重要な土地だった。明治元年の戊辰戦争にさいして郷士から山国隊が結成され、各地を転戦した。

　前にも中世史の仲村研さんの名を出したが、仲村さんは山国の研究をしていて、ぼくによく山国の話をされた。それもあってぼくの斡旋で『山国隊』（学生社）ができ、仲村さんの死の直前に「中公文庫」から同名の本を出版でき、その巻末に「解説―研さんと山国研究」をぼくが執筆した。明治維新の到来を山国隊を介して見直すには格好の読書となるだろう。

応天門を模した平安神宮の門

大鳥居の立つ神宮道を北へ歩くと平安神宮の正面に朱塗りの鮮やかな門がある。これは平安宮朝堂院の正門である応天門を模して建築されたものである。平安宮では応天門の正面に宮の中核的建物としての大極殿《だいごくでん》があった。天皇の即位や元旦朝賀などの重要な儀式はここでおこなわれた。

平安神宮でも応天門を入ると砂利を敷いた広場があって、その正面に大極殿を模した壮大な外拝殿がある。左右の棟端を鴟尾《しび》で飾り碧瓦（緑釉瓦）で屋根を葺いている。壮大とはいえ平安宮の大極殿の八分の五に縮小して復原されたのであるから、平安宮の建物の大きさ（一・六倍になる）がわかるだろう。

この外拝殿の奥（北）に内拝殿と二棟の本殿がある。本殿が二棟あるのは、昭和一三年に平安京最後の天皇である孝明天皇を桓武天皇に加えて祭神としたからである。大極殿は正面で一一間、側面四間に設計された。屋根瓦には碧瓦を使っているが、平安宮の当初の大極殿を碧瓦でそろえていたかどうかはわからない。

三条大橋の橋脚を使った池の飛石

ぼくにとっては平安神宮は平安宮を偲ぶことのできる歴史遺産だが、参拝者の多くは観光スポットとして来ているようである。それはともかく外拝殿の西側にある白虎楼の横から神苑へ入る。広い庭園には平安時代の文学書にでている草木約二百種を植えてあって、各々に名前の説明がある。これは見て歩くと勉強になる。

神苑にも若干の高低差があるらしく小川の流水には勢いがある。一〇年ほど前、苑内の小川でシジミを捕る人がいたことを新聞が報じたことがある。たしかにシジミのいそうな小川である。

本殿の裏手を通って東の苑に入ると池が連なっており、前に述べた秀吉時代の三条大橋や五条大橋の橋脚の石柱が池の飛石に使われている。石柱は縦に打ちこんでいるため長さは不明である。出口の近くにも数本の石柱が置いてあって、その一本に「津国御影天正十七年」の文字が刻まれている。摂津国御影は神戸市にあって御影

三条大橋の橋脚の石柱（平安神宮の東神苑）

石（花崗岩）の産地であり、その地の石工《いしく》が刻んだ文字とみられる。

出口を出たところに蒼龍楼があって白虎楼と東西に対峙している。これらも大極殿にともなったもので復原されたのである。なお庭園の散策には小一時間はかかるが意外と見ごたえがあった。

応天門の変と伴大納言絵詞

貞観八年（八六六）閏《うるう》三月に応天門が炎上した。たんなる失火ではなく放火の疑いがもたれ、事件に発展した。応天門の変である。当初は嵯峨天皇の皇子源信《まこと》が放火の犯人かと疑われた。これは大納言伴《ばん(とも)》善男の讒言《ざんげん》によるものであった。そののち左京の大宅首《おおやけのおびと》鷹取が、伴善男が真犯人だと告発して事件は急展開した。

伴《ばん》氏はもと名門の大伴《おおとも》氏のことである。『万葉集』の編纂で大きな役割を果たした大伴家持も晩年には政治事件に連座し、死後ではあったがその子は流罪になった。さらに長岡京造営にさいして造寺の推進者である藤原種継の暗殺事件がおこり、大伴継人が犯人とされるなど、大伴氏の没落がつづいていた。

善男は死一等を減じて伊豆国に流され、名門の紀氏も事件に連座して流刑となり、善男の田宅や資財はすべて没収され、かつての名門大伴氏は政界から姿を消した。この事件のあと藤原良房が摂政となり、藤原氏による摂関の全盛期をむかえることになった。今日なお真相不明の怪事件である。

この事件を題材にしたのが『伴大納言絵詞《えことば》』で、絵巻といってよい。的確な筆致で人物の動態を描写するなど『信貴山縁起絵巻』、『鳥獣戯画』、『源氏物語絵巻』とともに平安後期の四大絵巻とされている。

平安神宮に応天門や大極殿が復原できたのは『伴大納言絵詞』のなかの表現に負うところが大きく、平安神宮参詣の機会にこの絵巻を見るのも楽しかろう。

戦後間もなく岩波書店から「岩波写真文庫」が刊行され、その一冊が『伴大納言絵詞』（一九五四年）で、ぼくも求めた。定価は百円である。その本の解説にもあるように、この絵巻での事件の進展は『宇治拾遺物語』にある二つの話、「伴大納言事」と「伴大納言応天門を焼く事」で、とくに後者によっている。

「伴大納言事」の書き出しは「ともの大納言善男は佐渡国郡司が従者也」である。のちに大納言にもなるような人が「郡司の従者」とは、ということについてであるが、善男の父である伴国道はさきほどの藤原種継暗殺事件のあと佐渡国に流されており、善男も佐渡に渡っていたことに

疏水の南禅寺舟溜り

よるのであろう。なお大伴氏を伴氏にしたのは弘仁一四年のことで、大伴宿禰を伴宿禰にしている。桓武天皇の子である淳和天皇の諱《いみな》が大伴であったので、大伴氏の氏名を変更したのだった。

南禅寺界隈と疏水事業の遺産

岡崎の動物園の南東、東山山麓にあるのが臨済宗の南禅寺である。この地も古代には粟田郷の一部であり、南禅寺の南には後嵯峨天皇の皇后姞子（発音は不明、「きつしか」）の粟田山陵がある。南禅寺の説明に入るまえに、インクライン跡のような京都市の文化財に指定されている産業考古学関係の歴史的構築物にふれておこう。

疏水関係の構築物のなかには、いまなお本来の役割を果たしているところもあるし、すでに遺跡となって産業考古学の対象となりつつある個所もある。

勧業館から美術館、さらに動物園の南には疏水の本流が流れている。もとは舟の通う運河だった。動物園の南東で疏水は急に広くなっている。ここが南禅寺舟溜《だま》りだった。いまは水面に噴水がたっていて美しい。

この舟溜りで疏水は南南東へと向きを変えるが、疏水にそってインクラインの遺構が保存されている。

すでに述べたように疏水を設けた目的は、琵琶湖の水を京都へ運ぶことと小型舟による物資の運搬だった。だが琵琶湖から西へと掘削されてきたトンネルや運河は、蹴《け》上《あげ》舟溜りと南禅寺舟溜りの約六〇〇メートルの間は勾配がきつく、そのため設けられたのがインクラインだった。

インクラインとは長い掘割りを設けて通船路とし、そこに四本のレールを敷設し、上り下りの線路としたのである。レールに車輪のついた台車をのせてその上に物資ごと舟を積んで動かしたのである。台車をひく動力には最初は水車をあてていたが、ほどなく電力に変わった。ぼくも学生の昭和二三年のころ、大きな音をたてて稼動している様子をみた記憶がある。なお琵琶湖からの水はインクラインにそった疏水で、いまも勢いよく流れている。

蹴上で本流とは分かれた疎水の分線が北へ向う。この分線は水を運ぶのが目的で、南禅寺の法《はっ》堂《とう》の南側では煉瓦積みの水道橋となっていまも水を流している。橋脚はアーチ式になっていて、水路閣とよばれる明治の建造物で観光スポットとして訪れる人が多い。急な石段をのぼると水道橋を上からも見ることができる。

この分線はさらに北方へと延び哲学の道ぞいに流れ、高野《たかの》川と賀茂川を西へ横断し堀川へと運ばれていた。

この疏水工事は日本の土木工事の歴史のうえで初めてといってよいほど壮大な構想だったが、その設計と事業の推進は東京の工部大学校を卒業したばかりの田辺朔郎に任された。京都府知事

南禅寺の水路閣と水流

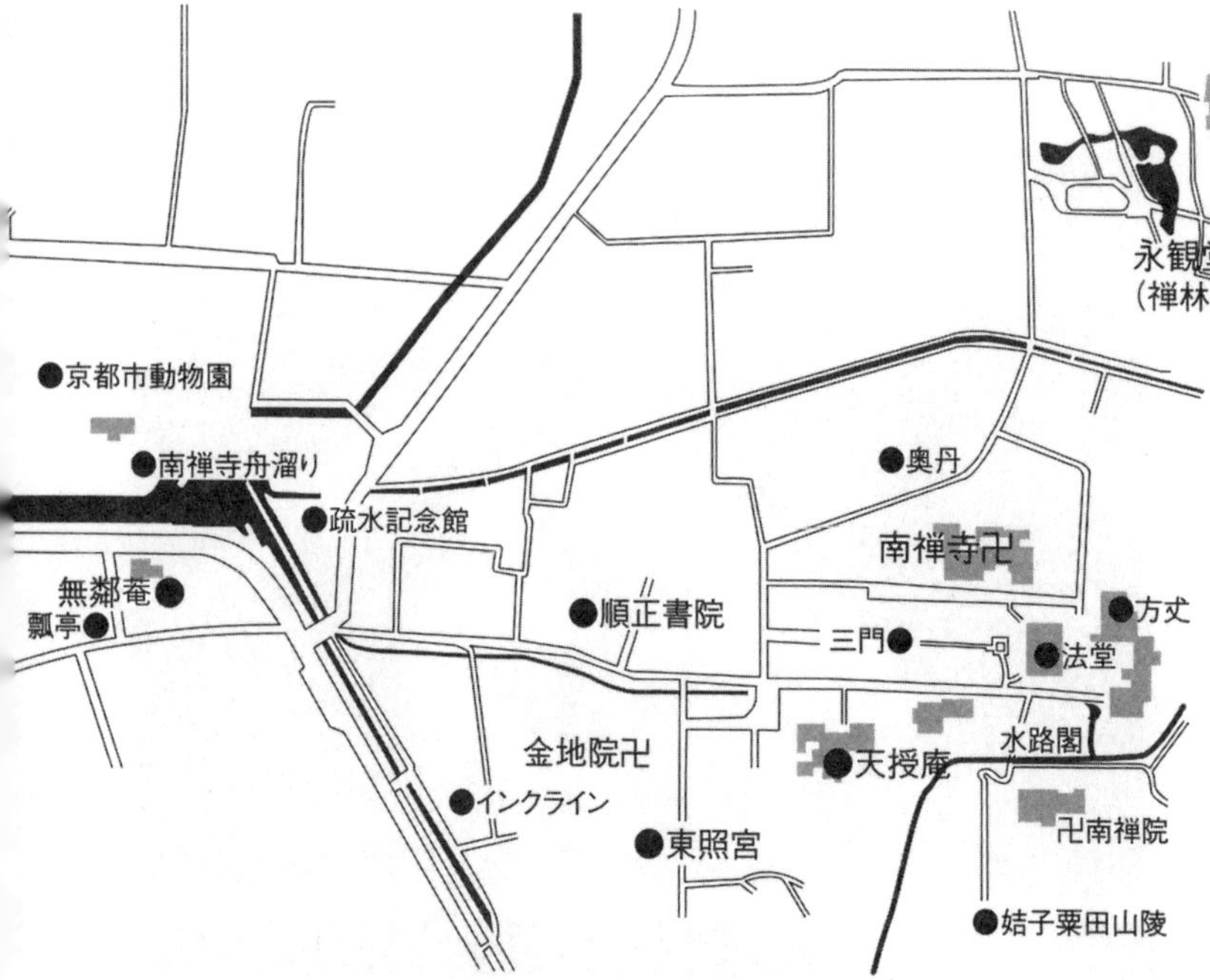

の北垣国道の英断といってよい。しかもこの大工事の予算はいかに物価が安かったとはいえ、わずか六〇万円だった。それに加えて政府がせっかくの工事だから念入りにおこなうようにと補助したことも見落とせない。

貨幣価値がいまと違うとはいえ、これだけの予算で大工事が遂行されたことに感服する。しかも着工から五年で完成し、さらに今日でもその大部分が本来の役割を果たしている。

現代とくらべると地下鉄工事では予算の倍以上もかかったといわれるし、京都駅東方の河原町通りの拡張工事はごく狭い面積であるのにすでに十年以上もかかりつづけていて一向に完成しそうもない。これらの事業の関係者は一度、田辺朔郎の墓に参ってくればよい。

それにしても疏水ができ、その水力を利用した蹴上《けあげ》発電所ができたことによって、すでに述べたことだが市電も走った。なお南禅寺舟溜りを見下ろす位置に琵琶湖疏水記念館が開設されていて、関係資料が展示されている。この裏手から見下ろす舟溜りやインクラインの跡も近代の歴史と人びとの奮闘ぶりをさぐるのによい場所だと見学を勧めたい。

順正書院

無鄰菴《むりんあん》と順正書院

疏水記念館と疎水をへだてた南西すぐのところに、明治の元老山県有朋《やまがたありとも》の京都での別荘だった無鄰菴がある。その西隣は朝粥で名高い老舗の瓢亭《ひょうてい》である。

山県は長州藩の出身で、幕末に奇兵隊を指揮し明治の新政府では陸軍を創設するなど手腕を振るい、その後二度にわたって内閣を組閣した。ぼくの率直な感想であるが、いかに元老とはいえ千坪もある別荘を作れたことに、明治時代の庶民との財力の格差に刮目せざるをえない。

それはともかく庭園を見ているとと山県の趣味のよさには共感がもてる。山県の案にもとづき小川治兵衛《じへえ》が作った庭園は東山を借景とし、流れの落差を利用した小さな滝があってせせらぎの音が絶えず聞こえる。明治の代表的庭園といってよかろう。

邸内に入ると和風の母屋と煉瓦造りの洋館がある。この洋館の二階の応接間で伊藤博文、桂太郎それに小村寿太郎らと会議をおこない日露戦争にふみきったといわれている。この部屋の壁に大きな花鳥図がはめこまれているが、江戸初期の障壁画で、もと名古屋城にあったものを移したと伝えられている。この庭園は京都市が管理して見学はできるし、日清戦争や日露戦争ごろの歴史をさぐれる場所としても、さらに山県の人柄にせまる意味でも訪れる値打ちは充分ある。

南禅寺といえば湯豆腐が頭に浮かぶように、門前やその近辺には「奥丹《おくたん》」など湯豆腐を看板にかかげた店が並ぶ。そのなかでも料亭の「順正《じゅんせい》」は有名である。順正には歴史的な由緒があって、その名も江戸後期の蘭方医、新宮涼庭《しんぐうりょうてい》の順正書院に因《ちな》んだもので、場所もその跡地にある。いまなお入口の門と門の左右の石垣などはそのまま利用されているし、入った正面には「順正書院」の額のかかる書院がのこっている。

涼庭は丹後の由良の出身で、長崎で医学を学び蘭館の医師にも抜擢された。そののち京都で開業するかたわら順正書院を開き、医学教育もおこない多数の医学生を育てた。

気がついたことがある。庭内にはさまざまの石造物が移され、そのうちに古い宝篋印塔《ほうきょういんとう》の一部や塔心礎かとおもう礎石、さらには奈良の奈保山にある隼人石《はやといし》を模刻した石板などが配されていて涼庭の古物への関心が推察できる。なお室町夷《えびす》川東側に「新宮涼庭邸宅跡」の碑がある。天保一〇年に建てられた書院はあらかじめ申しこんでおくとここでも食事ができるそうである。

ふと気がついたのは、従来の近世医学史は江戸中心に語られすぎていることであり、ぼくも涼庭の著わした経済についての『破レ家ノツ、クリ話』は一度読んでみたくなった。

18章　南禅寺から銀閣寺へと歩けば

南禅寺は東西一直線に配置された勅使門、三門、法堂《はっとう》、方丈の規模も大きく、塔頭《たっちゅう》もそれぞれ立派で、所蔵されている絵画にも名高い作品が多い。とはいえぼくには馴染の少ない寺である。五山の筆頭であることは知っているのだが、ぼくの知識のなかではこれといったものが見当たらない。

南禅寺と五山の制

五山の制とは南宋の例にならって鎌倉幕府が始めた禅宗寺院の格付けであり、後醍醐天皇の建武新政下では南禅寺と大徳寺を五山の第一位とし建仁寺、東福寺、建長寺、円覚寺の順位を定めた。このうち建長寺と円覚寺は鎌倉にある。

南北朝になると足利尊氏が後醍醐天皇の冥福を祈るため嵯峨に天竜寺を建立し、さらに足利義満が室町幕府（花の御所）に隣接して相国寺《しょうこくじ》を建立すると五山の制に変動がおこった。すなわち五山の上に南禅寺をおき、京五山として天竜、相国、建仁、東福、万寿の各寺を位置づけた。これとは別に鎌倉五山も定めたがここでは省略する。

このうちの万寿寺《まんじゅじ》はもと六条御堂（いま万寿寺通の地名がある）ともいったが、天正年間に東福寺の三聖寺《さんせいじ》のあった地に移り現在にいたっている。蛇足になるが万寿寺に隣接して三聖病院がある。この病院は禅の修業を医学療法に取りいれることから始まり、名は三聖寺にちなんだという。

南禅寺塔頭の金地院と以心崇伝

順正書院の東に宿坊の南禅会館があり、寺の参道をへだてた南側に塔頭の金地院《こんちいん》がある。東福寺や建仁寺の塔頭にくらべ境内が広く建物も大きいのが目につく。この寺はもと鷹峰《たかがみね》にあったのを以心崇伝《いしんすうでん》が南禅寺の住持になってから現在地に移し規模を拡大したといわれ、その寺にちなんで金地院崇伝とよばれるようになった。以心崇伝が本来の名である。

崇伝は慶長一三年（一六〇八）から徳川家康の諮問をうけるようになり、公家諸法度《くげしょはっと》や武家諸法度の作成にも関与し、黒衣の宰相とも寺大名ともよばれるほどの権勢をふるった。南禅寺や金地院の伽藍の建立は崇伝の力によるところが大きい。

金地院へは明智門から入る。すでに述べたことだが、ここには明治初年に豊国神社へ移した伏見城の唐門があり、その代わりに大徳寺にあった明智門を移建した。明智門というのは明智光秀の母が人質として送られていた丹波の八上城《やがみじょう》で殺され、その菩提のため光秀が大徳寺に建立したものである。見学のコースでたどるとつぎに東照宮がある。家康との関係で崇伝が建立した京都にある唯一の権現造りである。ついで開山堂の前を通り伏見城の遺構と伝える方丈にでる。この建物は徳川家光から崇伝がもらったという。

方丈の前、全面に鶴亀の庭園がひろがる。枯山水といういい方が諒解できるように、水を使わず岩石と白砂を多用した庭園で巧みに東山を借景にしている。江戸初期に大名茶人として知られた小堀遠州の代表的庭園で雄大さを感じる。なお遠州の作った茶室、八窓席《はっそうのせき》も特別の希望があれば拝観できる。

一四世紀に五山派寺院の統制のため僧録が任命され、その役所が僧録司《そうろくし》である。ながらく相国寺にぞくした鹿苑寺《ろくおんじ》（金閣）がその任を務めていた。崇伝がこれに任じられてから代々の金地院の塔主が任じられるようになり江戸時代末まで続いた。

いままでに述べた僧侶のうち安国寺恵瓊が最期に失敗した代表例なら、金地院崇伝は末広がりで成功した例といってよかろう。崇伝は外交文書の作成にもかかわり、外国との往復書簡などをおさめた『異国日記』は代表的著作といってよかろう。原本は金地院に伝えられている。

南禅寺の三門と大方丈

鎌倉時代に亀山天皇が母姑子のために造営した離宮を、のち禅寺にあらためたのが南禅寺のはじまりである。姑子は後嵯峨天皇の皇后であることはすでに述べた。

亀山天皇は蒙古（のちの元）と高麗の連合軍が九州島に侵攻してきた文永の役と弘安の役のときは上皇であり、主要な山陵や寺に外国撃退の祈願や祈祷をおこなわせるなど苦難をのりきり、離宮を禅寺にしたときは亀山法皇になっていて、院政は後深草上皇が実権を握っていた。

話は複雑になるが、後深草も亀山もともに後嵯峨と姑子との子で、後深草が兄、亀山が弟だが亀山のほうがさきに上皇になったのだった。後深草と亀山との対立が深まり、ついに兄の後深草の皇統を持明院統、亀山の皇統を大覚寺統という両統迭立《てつりつ》の慣習を生むようになった。南北朝の動乱もこの皇統の対立が原因となるのだが、南禅寺ができるころは以上のように皇統が対立しだす時期だった。すでに述べたことだが、大覚寺統の後醍醐が新政府を樹立してから南禅寺を五山の最上位においた背景も理解できるだろう。なお皇統の争いとはいえ、皇室領の帰属も争いの種になったことはいうまでもない。

南禅寺ができるころ境内に死霊があらわれるという噂がたち、それを鎮めるため東福寺の無関普門を招いたら鎮まった。そこで亀山法皇は普門を南禅寺の開山とし順次建物が整いだした。だがその後の大火や応仁の乱の兵火によって全山焼失の被害をうけた。

南禅寺の再興は豊臣秀吉の寺領の安堵《あんど》から始まり、以心崇伝が住持となってから急速に進捗した。まず法堂が完成し、つぎに御所の新築でいらなくなる女院御所の対面御殿を移築して大方丈とした。この建物は女院御所ではなく清涼殿という説もある。だが女院御所であろう。さらに内裏の日御門を移築したのがいまの勅使門である。

寛永年間には崇伝と親交のあった徳川の武将として知られる藤堂高虎が、長年の戦で命を落とした家卒の冥福のため壮大な三門を建造して寄進した。

高虎はこのころ伊勢の津藩主になっていたため、領内の伊勢や伊賀の材木を使ったという。完成した山門についての規則では「鎰《かぎ》は金地院にあるべきこと」が定められていて、南禅寺での金地院の位置づけがよく示されている。

史実かどうかはともかく、歌舞伎狂言「金門五三桐」で秀吉のころ大盗賊石川五右衛門が南禅寺の三門の楼上で「絶景かな　絶景かな」と花を眺める南禅寺山門の場となったこともよく知られている。もとより物語のうえでの創作である。なお「金門五三桐」の初演は安永七年（一七七八）だった。

水路閣の南に塔頭の南禅院がある。亀山上皇の離宮の禅林寺殿の跡と伝え、亀山上皇の分骨場としての法華堂があり、法皇の木彫坐像が安置されているという。鎌倉時代の彫刻である。

禅林寺永観堂《えいかんどう》と河内の観心山寺

南禅寺の北東に紅葉の名所として人気のある聖衆来迎山《しょうじゅうらいごうざん》禅林寺があり、その寺を盛んにした中興の僧の名に因《ちな》んで永観堂とよばれている。聖衆来迎とは阿弥陀仏たちが浄土へ人を迎えにきてくれるという意味で、この寺には鎌倉時代の山越《やまごえ》阿弥陀図が伝えられている。現在は浄土宗西山派に属している。

この地はもとは藤原関雄《せきお》の邸宅だったが、貞観年間（九世紀中ごろ）に寺になったといわれている。『三代実録』の貞観五年（八六三）八月六日の条に、山城国愛宕郡の一道場を定額として禅林寺ということを律師眞紹が願い出ている。そのなかで〝河内国観心山寺をつくりはじめたが山深いところで不便であるため、故従五位下の藤原朝臣関雄の東山の家を買い寺家とし一堂を造立して五仏を安置したいことが述べられている。ちなみに関雄が東山の邸宅でよんだ歌は『古今集』にえらばれていてこの地がしだいに紅葉の名所として知られるようになった。

ぼくは河内の観心山寺に注目した。現在では観心寺といって河内長野市にあり、平安時代の如意輪観音菩薩像はすぐれた密教彫刻としてよく知られている。

この寺については元慶七年（八八三）の「河内国観心寺縁起資財帳」という詳細な財産目録がある（『平安遺文』）。それによると眞紹がいうほど不便な地ではなく、多くの伽藍ができ仏像や経典の多いことがわかる。なお如法堂や講堂などはすべて桧皮葺《ひわだぶき》、萱葺、もしくは板葺で瓦葺の建物はまだなかった。それはともかく、観心山寺が河内国錦部郡にあったことに禅林寺を解く一つの鍵があるとぼくは注目している。すでに述べたように河内の錦部には百済から渡来した錦部氏がいたのだが、山背国愛宕郡にも錦部郷があって錦部氏の分派が住んでいた。しかし郷の範囲が狭かったらしく、愛宕郷や八坂郷にくらべると場所が特定しにくい。

禅林寺と観心寺との関連からみて、禅林寺の所在地が錦部郷にあったか、もしくは至近の地ではないかということが考えられる。錦部郷を聖護院付近に求める説はあるが、まだ定説とはいえない。

この寺の本堂に「見返り阿弥陀」とよばれる仏像が安置されている。鎌倉時代に作られたとみられるが、はっとするようなお姿である。美術史では中世以降の作品を見下すような傾向がある。しかし鎌倉時代以降、江戸時代の彫刻にもみごとな作品はある。この仏像でいえば、阿弥陀如来が死者を浄土へみちびくときにときどき人のほうを振り返る姿をあらわしたものといい、山号の聖衆来迎を応用した造形とみてよかろう。

ぼくは紅葉のシーズンにこの寺を訪れたことがある。門内には自動車を入れず、歩く人だけに出会えたことは清々しかった。まえにもいったことだが、東福寺では紅葉シーズンにも境内にたくさんの車をいれていて、ガードマンが自動車を誘導するために歩く人に指図することがあってははなはだ不快である。境内を静かに歩こうとして訪れてくる多数の人には、これはぶちこわしになる。

各地の由緒のある寺社の入口にはよく「下車」と記した制札を見かける。これは聖域を守るための常識であろう。ぼくは前に対馬の天神多久頭魂《あまのたくずたま》神社を訪れたとき、村人は履物をぬいで参詣していることに気づき、革靴をはいたままの自分を恥じたことがある。

黒谷の真如堂《しんにょどう》と金戒光明寺

哲学の道から西のほうを見渡すと、大きな城塞のように黒谷の岡がこんもりと盛り上がっている。この地形は城をかまえやすく、織田信長も城の候補地として検討しているし、幕末には藩主が京都守護職になった会津藩が一時《いっとき》本営にした（そののち現在の京都府庁の地に守護職屋敷を移した）。

黒谷の岡はもと栗原岡といって叡山の寺領があった。その関係で法然が一時いたこともあったと伝えられ「黒谷さん」と親しまれている浄土宗の金戒光明寺《こんかいこうみょうじ》がある。本来の黒谷の地名は叡山西塔《さいとう》にあるから厳密にいえば新黒谷なのである。まず黒谷の北側にある天台宗の真正極楽寺から訪れよう。

真正極楽寺は阿弥陀如来立像（平安後期）を安置する本堂が真如堂であり、いつしか真如堂が寺の名のようになっていて、タクシーの運転手にも〝真如堂へ〟で通じている。

この寺が真如堂でよく知られていることには、もう一つの理由がある。室町時代の大永四年（一五二四）に描かれた「真如堂縁起絵巻」がよく知られていることにもよっている。この絵巻は本尊の阿弥陀如来像のたどった運命をストーリーにしたのだが、そのなかで応仁の乱のとき、雑兵が寺の調度や建築の用材を剥ぎ取るなどの狼藉を働いているシーンが教科書などに掲載されている。ぼくを例にとってもこの絵巻を通じて真如堂の名は早くから知っていた。今回訪れてみたが、絵巻に描かれた真如堂は現在地より少し北東にあって元真如堂とよばれ、いまは尼が住持となっているようである。

この寺は浄土宗になったこともあるが現在は天台宗で、応仁の乱後の復興にさいして足利義政が力をいれたこともある。だがその後も寺の場所は転々とし、現在地に落着いたのは元禄六年からで、本堂は棟札によると享保二年（一七一七）の建立である。

本堂の前方右寄りに瀟洒《しょうしゃ》な三重塔がある。これは一九世紀初頭の建築である。真如堂では毎年一一月五日から一五日のあいだ「お十夜《じゅうや》」とか「十夜」という念仏法要がおこなわれ賑う。天台宗の真如堂で浄土宗のこの法要が盛んにおこなわれていることは法然との縁によるものであろう。一説ではこの法要は足利義教の執権《しっけん》平貞経の子、貞国が真如堂に参籠して念仏を修し霊験を感じたことに始まると伝えられている。

黒谷には建立の年代の古さは別にして、三重塔が二基あって黒谷の風物詩になっている。真如堂と金戒光明寺《こんかいこうみょうじ》である。

金戒光明寺の塔は山上の塔ともよばれるように本堂の東方の小高くなったところに建立されていて、文殊菩薩を本尊とし寛永一一年（一六三四）の建立である。本堂は昭和の建築だが阿弥陀堂は豊臣秀頼の建立で、ぼくが訪れたとき瓦の葺きかえがおこなわれていた。この寺には法然やその弟子の熊谷直実の伝承もある。

この山上の塔に隣接して会津藩士の墓地がある。幕末に尊王攘夷の嵐が吹き荒れるなか、文久二年（一八六二）に会津藩主の松平容保《かたもり》が京都守護職に任じられ、藩士ともどもこの寺を宿所にしたのだった。容保は当時二十代の若さでしかも藩主の家に生まれたのではなく他家からの養子だった。それでもこの大任に身を投じたのだった。

徳川家には御三家もあれば、出雲の松江藩や伊予の松山藩など約二〇の松平家があった。これらの親藩のうち徳川の立場でいえば、幕末の動乱期に役立った藩がいくつあったのだろうか。その意味でぼくは会津藩のとった行動に孤高の峻険さを感じる。

個々の墓の埋葬者を調べたわけではないが、黒谷の会津藩士の墓には元治元年（一八六四）に京都で戦われた禁門の変、俗にいう蛤御門《はまぐりごもん》の変での戦死者などを葬ったのだろう。この戦では長州側は賊軍であり会津藩は官軍の主力だったが、四年後の鳥羽・伏見の戦いでは途中から立場が逆転して明治維新を迎える糸口になった。

勝者とか敗者とはいえ、どちらも懸命に新時代の到来を願って命をかけたのであり、勝者となってすでにふれたような明治政府の元老となって高い地位を築いた者に劣らず、容保の生き方も立派である。

鳥羽・伏見の戦いはぼくの住んでいる東福寺の近くも戦場となり、東福寺の南門から車坂をあがった尾根上に鳥羽・伏見の戦いでの防長（萩藩士）の戦死者の墓地があるし、普段は入れないが即宗院の裏山には戊辰戦争での薩摩の戦死者四二五人の名を刻んだ供養碑がある。西郷隆盛の揮毫である。鳥羽・伏見の戦いについてはさきの巻であらためてその跡をたどることにする。

銀閣寺（慈照寺）と足利義政

東山連峰の一つ如意ヶ嶽《によいがたけ》の北西に大文字山がある。盆の送り火の一つの「大」の字を薪にともした火で創出する夏の夜の火の祭典である。この大の字は銀閣寺をつくった足利義政が書いたという伝承もあるが、五山の送り火は江戸時代になってから文献にでていて、いまのところは伝承にとどまっている。

それにしても大文字山の麓に銀閣寺はあって、境内には泉もあるし山から流れてくる水量も豊かで、その水をたたえた池はこの寺の庭園で重要な役割を果たしている。東のほうから錦鏡池《きんきょうち》をへだてて池のほとりに建つ重層の銀閣を眺めるのはすばらしい。この部分は義政のころの庭園の様子をよく伝えているといわれるがなるほどと思う。

銀閣は北山にある金閣とよく対比されるが、比較的質素な建物で銀箔をはった形跡はまったくない。全体が灰色にくすんでいて、たしかに風化した銀細工のような色調だからそのような俗説が生まれたのであろう。

銀閣の室町時代の名称は観音殿《かんのんでん》である。二階部分が仏殿、一階部分が住宅の二つの機能を合わせたものだった。

義政の時代には大飢饉があって賀茂川は死体で埋まったし(寛正元年と二年)、そのあと応仁・文明の乱といわれる戦乱が一一年もつづいた。いままで見た寺のなかにもこの間の兵火で壊滅したところは多く、それを鎮めることのできなかった義政は無能の人にみえる。それどころか戦乱のつづく間に将軍職を九歳の子の義尚にゆずり、自分は隠棲の生活をしていたのだから無責任きわまりない。東山文化を創出した風流人として知られていても政治家としての評価点はない。

応仁・文明の乱が終った直後の文明一四年(一四八二)に、義政は山荘としての東山殿の建設をはじめた。平安時代に天台宗の浄土寺のあった地と伝える。後に述べる持仏堂としての東求堂《とうぐどう》を建て、それから観音殿(銀閣)を建てている。個々の建物はいままでみた寺院にくらべると簡素ではあるが、庭園に用いる石や植栽する木には京都や奈良のあちこちから、名石や名木を運搬には修羅《しゅら》を使って集めるなど金をかけている。東山殿の普請《ふしん》のため将軍が管理権をもっていた山城の村々も課税されたし、守護大名も負担を強いられ、日明《みん》貿易の利益もあてられた。

東山殿は義政の遺言によって死後に寺に改められた。寺の名を慈照寺《じしょうじ》としたのは義政の法名の慈照院殿によるものである。そのさい住持に選んだのが相国寺の僧で、その縁によって今日も銀閣寺は相国寺の末寺である。

東求堂と東山文化

慈照寺の錦鏡池をへだてた銀閣

現代の日本式住宅での生活を生むうえで義政の建てた東求堂《とうぐどう》の意義は大きい。境内を通ってすぐ近くへは行けるが内部は見学できない。外から見ても桁行《けたゆき》・奥行のどちらも三間半の一階建の桧皮葺《ひわだぶき》のごく小さな建物である。面積が広くないので内部を四畳、四畳半、六畳などの小部屋に仕切ってあって、その点は今日の標準的な日本風家屋の間取りの原形といってよかろう。

東求堂の四畳半の間は同仁斎《どうじんさい》とよばれ書院として使われた。いまの言葉での書斎であり囲炉裏《いろり》も切ってあって枯淡な侘茶を楽しむこともでき、その意味では茶室でもあった。義政は私淑していた夢窓疎石《むそうそせき》の肖像をかかげ、しばしば茶を献じていたと伝えられる。

同仁斎は書斎であるから硯や筆架などの文具類や中国の書籍が備えられ、壁には二重の小棚とよばれた違棚をつけるなど現代の書斎に通じる点が見られる。見落としそうだがこの違棚は最古の例である。

このように東求堂はぼくの書斎を引きあいにだしても源流となっているのは確かである。義政は東求堂のなかに阿弥陀如来を安置する仏間を設け仏教的雰囲気にひたっていた。ぼくの例をだすのは恐縮だが、書斎の隣の小さな空間に特注の白釉のかかった仏龕《がん》をおいて、各地で求めた泥仏や土製の人形を納めている。仏龕とはいえそれに祈ったことはない。

ところで東求堂の名称についてである。中国の古典から解釈する説はいくつかあるが、ぼくはもっと単純に考えている。それはいかに義政の政治力は弱かったとはいえ、足利の家は下野の足利郡の出であるし、征夷大将軍の地位も本来は東国の蝦夷の鎮圧のために任じられたのである。何より室町時代には関東においた鎌倉公方や関東管領が室町幕府の統制に服さず分裂の状態であり、東方への支配が強く意識されていたのであろう。義政は政治的に無力ではあったが、意識の根底では東国への支配力の貫徹を夢みていたのであろう。

二十年ぶりになろうか、銀閣寺を訪れてみた。門前町が気品よく賑っていたことにまず好感がもてた。総門から中門にいたる間の道の両側には、手入れのゆきとどいた高い生垣があって、境内に入るまでに寺を訪れるための気持が整えられた。これはすごい演出であるが以前には気づか

東求堂

なかった。境内でも散策道の整備に気が配られていて、この日も黙々と苔の手入れをしている人の姿があった。これまでに訪れたなかでは観光客の迎え方では秀逸だと感じた。

いい残したが、この作庭には義政に寵愛された山水《せんずい》河原者の善阿弥一族がかかわり、夢窓疎石が作った洛西の西芳寺《さいほうじ》（苔寺《こけでら》）の庭がモデルになったといわれている。東求堂のなかの書院を同仁斎と名づけたことには当時、賤民扱いをされていた河原者への義政の意識のあらわれだろうか。同仁の仁とは人のこと、誰しもが平等ということで、この心がけを書斎の名としたのであろうか。

この巻の最後の項をいまの日本風な日常生活の源流といわれる東山文化の発祥の地でしめくくれたことは偶然のこととはいえ因縁を感じる。奇しくもぼくが住む東山がこの巻全体のキーワードになった。

ぼくはまだ義政の長所を見出せないが、さきほど同仁斎で考えたように、きっとあるに違いないとおもう。義政の妻は女傑として今日にまで名をのこしている日野富子であり、彼女との関係も義政を隠棲生活に追いこんだ原因なのだろうか。ぼくはまだまだ足元から京都の歴史はさぐってゆく。そのなかで義政について見直す機会があればさきの巻でもふれることにしよう。

あとがき

本書では古代から現代にいたるまでの多くの書物を参考にし、必要個所を引用し、それぞれの個所で典拠は書いた。このほか全体として参考にした書物はあるがそれらについてはシリーズの最終巻で列挙することにする。今回『枕草子』の稲荷詣の難解な個所を、平易に読み下していただいた加美宏氏に深く感謝します。

いまこの本の校正をしている段階で、二冊めも上賀茂神社や下鴨神社まで書きおえ、あともうひとがんばりのところまで到達しました。

最近の好な言葉をひとつ書きます。「学は人の砥礪《しれい》なり」。砥は細かいトイシ。礪はあらいトイシ。細かい研究にくわえ、大きく物事を見る姿勢の両方が必要という意味でしょう。

〔索　引〕

人名・神名・文献・絵画資料

地名・遺跡・陵墓・神社・寺院

【著者略歴】

一九二八年大阪府生まれ。同志社大学大学院修士課程修了。考古学者。同志社大学名誉教授。和泉黄金塚古墳の発掘調査など多くの遺跡を調査。学生のころから、古代学を提唱。二〇一三年逝去。

主な編著書に、『対論　銅鐸』『対論　日本人の考古学』『三世紀の考古学』『唐古・鍵遺跡の考古学』『三輪山の考古学』『古代史を解くキーワード』『「東海学」事始め』（以上学生社）、『山野河海の列島史』『僕の古代史発掘』『記紀の考古学』『語っておきたい古代史』『食の体験文化史』『考古学と古代日本』など多数がある。

本書は2007年7月に刊行した初版の
新装版として刊行するものである。

2007年 7月10日　初版発行
2018年 9月25日　新装版発行

【新装版】
京都の歴史を足元からさぐる
［洛東の巻］

著　者　森《もり》　浩《こう》一《いち》
発行者　宮　田　哲　男

発行所　株式会社　学　生　社
〒102-0071　東京都千代田区富士見2-6-9
TEL 03-6261-1474／FAX 03-6261-1475
印刷・製本／株式会社ティーケー出版印刷

ISBN 978-4-311-80101-3　C0021
N.D.C.216 276p 19㎝